Gestört?

Thomas Heine •
Rainer Mees • Michael Krisch

Gestört?

Ein Survival-Guide für Meetings,
Bühne & beruflichen Alltag

Thomas Heine
Berlin, Deutschland

Rainer Mees
Overath, Deutschland

Michael Krisch
Solingen, Deutschland

ISBN 978-3-658-49732-3   ISBN 978-3-658-49733-0 (eBook)
https://doi.org/10.1007/978-3-658-49733-0

Die Deutsche Nationalbibliothek verzeichnet diese Publikation in der Deutschen Nationalbibliografie; detaillierte bibliografische Daten sind im Internet über https://portal.dnb.de abrufbar.

© Der/die Herausgeber bzw. der/die Autor(en), exklusiv lizenziert an Springer Fachmedien Wiesbaden GmbH, ein Teil von Springer Nature 2025

Das Werk einschließlich aller seiner Teile ist urheberrechtlich geschützt. Jede Verwertung, die nicht ausdrücklich vom Urheberrechtsgesetz zugelassen ist, bedarf der vorherigen Zustimmung des Verlags. Das gilt insbesondere für Vervielfältigungen, Bearbeitungen, Übersetzungen, Mikroverfilmungen und die Einspeicherung und Verarbeitung in elektronischen Systemen.
Die Wiedergabe von allgemein beschreibenden Bezeichnungen, Marken, Unternehmensnamen etc. in diesem Werk bedeutet nicht, dass diese frei durch jede Person benutzt werden dürfen. Die Berechtigung zur Benutzung unterliegt, auch ohne gesonderten Hinweis hierzu, den Regeln des Markenrechts. Die Rechte des/der jeweiligen Zeicheninhaber*in sind zu beachten.
Der Verlag, die Autor*innen und die Herausgeber*innen gehen davon aus, dass die Angaben und Informationen in diesem Werk zum Zeitpunkt der Veröffentlichung vollständig und korrekt sind. Weder der Verlag noch die Autor*innen oder die Herausgeber*innen übernehmen, ausdrücklich oder implizit, Gewähr für den Inhalt des Werkes, etwaige Fehler oder Äußerungen. Der Verlag bleibt im Hinblick auf geografische Zuordnungen und Gebietsbezeichnungen in veröffentlichten Karten und Institutionsadressen neutral.

Springer ist ein Imprint der eingetragenen Gesellschaft Springer Fachmedien Wiesbaden GmbH und ist ein Teil von Springer Nature.
Die Anschrift der Gesellschaft ist: Abraham-Lincoln-Str. 46, 65189 Wiesbaden, Germany

Wenn Sie dieses Produkt entsorgen, geben Sie das Papier bitte zum Recycling.

Geleitwort

von Rolf Schmiel, Psychologe, Bestseller-Autor, TV-Moderator
Störungen. Wir alle kennen sie, wir alle fürchten sie, und doch passieren sie ständig. Sei es im Meeting, im Unterricht, auf der Bühne oder im ganz normalen Alltag: Irgendjemand oder irgendetwas funkt dazwischen. Und plötzlich steht man da, mit ratlosen Blicken um sich herum und der großen Frage im Kopf: „Und jetzt?"

Genau hier setzt dieses Buch an. Und das auf eine Weise, die es so noch nicht gab. Während andere sich mit Präsentationstechniken oder Konfliktmanagement befassen, nehmen sich die Autoren ein Thema vor, das erstaunlicherweise bislang kaum systematisch behandelt wurde: den Umgang mit Störungen. Und sie tun das nicht aus der reinen Theorie heraus, sondern mit einem einzigartigen Mix aus Erfahrung und Praxis.

Denn Thomas, Rainer und Micha sind nicht nur in Wirtschaft und Bildung zu Hause – sie haben vor allem unzählige Stunden auf der Bühne verbracht. Als weltweit gefragte Hypnotiseure, Mentalisten und Seminarleiter für kreatives Denken und Teambuilding sind sie es gewohnt, live und vor Publikum mit dem Unerwarteten umzugehen. Sie wissen, was es heißt, wenn plötzlich die Technik ausfällt, ein Handy klingelt oder ein Zuschauer „witzige" Kommentare einwirft. Mehr noch: Sie haben gelernt, diese Momente nicht nur zu überbrücken, sondern für sich zu nutzen.

Dieses Wissen haben sie nun erstmals so aufbereitet, dass es für jeden anwendbar ist. Ob für Redner, Lehrer, Führungskräfte oder einfach Menschen, die sich weniger aus der Ruhe bringen lassen wollen.

Als Psychologe und Experte für Psychohacks fasziniert mich, wie unser Denken und unser Handeln durch kleine Anpassungen enorme Wirkung entfalten können. Genau deshalb finde ich dieses Buch so inspirierend: Es liefert nicht nur ein durchdachtes 8-Stufen-Modell für den souveränen Umgang mit Störungen, sondern auch eine völlig neue Perspektive darauf. Denn Hand aufs Herz: Die meisten Bücher erklären uns, wie wir perfekt vorbereitet auftreten, aber wer zeigt uns, wie wir souverän bleiben, wenn trotz aller Vorbereitung das Chaos ausbricht?

Besonders spannend sind die Essays im zweiten Teil. Sie gehen weit über klassische Methoden hinaus und werfen einen frischen, manchmal auch humorvollen Blick auf das Thema. Hier geht es nicht nur um Störungen, hier geht es um uns selbst: unsere Reaktionen, unsere Einstellungen und letztlich darum, ob wir uns vom Unerwarteten aus dem Konzept bringen lassen oder es mit einem Lächeln für uns nutzen.

Ich bin sicher, dass Sie in diesem Buch wertvolle Anregungen finden werden! Für die Bühne, für den Alltag und vielleicht sogar für sich selbst. Und wer weiß? Vielleicht freuen Sie sich am Ende ja sogar über die nächste Störung.

Vorwort

Lasst uns mit den schlechten Nachrichten beginnen: Bist Du, liebe Leserin, lieber Leser, jung und/oder unerfahren in der Ansprache eines Publikums? Fehlt Dir noch die Routine, auch unerwartete Situationen flexibel und souverän zu handhaben? Hat sich bei Dir eine selbstverständliche Balance zwischen konstruktiver Durchsetzungskraft und angemessenem Gleichmut noch nicht eingestellt? Dann, ja dann musst Du wohl damit rechnen, dass auch das Studium dieses Buches nicht alle Deine Baustellen zum Thema beseitigen wird! Sorry! Es gibt einfach Dinge, die lernt man in der Praxis … oder gar nicht!
Um nicht missverstanden zu werden: Wir wollen nicht etwa andeuten, dass dieses Buch im Grunde genommen keinen Wert für Dich hätte. Im Gegenteil, Du kannst (und solltest) Dir hier eine profunde Grundlage schaffen. Denn nach dem Studium dieses Buches wirst Du zumindest die gröbsten Fehler von vornherein vermeiden können. Aber das wird Dich sicher nicht davon entbinden, umfassende eigene Erfahrungen zu machen: Erfahrungen unter so vielen verschiedenen Bedingungen und vor oder mit so vielen unterschiedlichen Menschengruppen wie möglich.

Wenn Du hingegen, werte Leserin, werter Leser, ebenso erfahren, wie souverän bist und dieses Buch liest, um die eigenen Einsichten zur Vermeidung von Problemen oder zum Umgang mit ihnen zu erweitern und zu vertiefen, dann sind hier die guten Nachrichten: Es ist sehr wahrscheinlich, dass Du bereits alles weißt, was Du brauchst! Vielleicht ist Dir das nicht in jedem Fall bewusst; oder vielleicht hast Du im entscheidenden Moment nicht immer Zugriff auf ein eher „intuitives Wissen" – oder es fällt Dir nur schwer, dieses Wissen richtig zu strukturieren, situativ anzupassen und anzuwenden, wenn es darauf ankommt. Aber so oder so: Es ist sehr wahrscheinlich, dass das grundlegende Wissen bei Dir bereits vorhanden ist – Glückwunsch!

Auch das beste Buch kann und soll keine Erfahrungen aus der Praxis ersetzen! Niemand wird das, was er oder sie in 10, 20 oder 30 Jahren Praxis nicht gelernt hat, durch das Studium eines Buches kompensieren können. Und so können auch wir durch unsere Ausführungen Deine eigenen Erfahrungen nicht ersetzen. Erfahrungen aus zweiter Hand sind ohnehin niemals so lehrreich wie jene, die Du unter manchmal leidvollen Bedingungen selbst gesammelt hast.

Aber wir können und werden es Dir leichter machen! Wir werden Dir Hinweise geben, worauf Du achten solltest, bevor Du womöglich unbedacht und unreflektiert auf die Nase fällst. Und wenn Du dennoch stolperst, werden wir Dir helfen, die möglichen Ursachen des zu Grunde liegenden Problems zu finden. Sich selbst gezielt und konstruktiv zu hinterfragen, ist einer der wichtigsten Schritte, um aus Fehlern zu lernen. Insbesondere für diesen Aspekt wirst Du umfassende Tipps und Hilfestellungen auf den Seiten dieses Buches erhalten.

Wir haben lange darüber nachgedacht, wie wir dieses Buch strukturieren könnten. Du musst wissen, dass unsere eigenen Beiträge im Teil I dieses Buches als Teil eines Seminarkonzepts ihren Anfang genommen haben. Ein Seminarkonzept, das wir in seinen Details seit Anfang der 2000er-Jahre fortlaufend weiterentwickelt haben. Unsere inhaltlichen Ausführungen selbst basieren dabei auf jahrzehntelanger praktischer Erfahrung im Vorfeld. Erfahrungen aus der Arbeit vor buchstäblich Tausenden unterschiedlicher Gruppen von Anwesenden. Mitwirkende verschiedenster Altersgruppen sowie mit den unterschiedlichsten intellektuellen, sozialen und kulturellen Hintergründen.

Es sind Erfahrungen aus Präsentationen an den mannigfaltigsten Orten und unter den manchmal wirklich merkwürdigsten Bedingungen. Mit homogenen und heterogenen Gruppen von Anwesenden – welches Kriterium man auch immer für Homo- oder Heterogenität heranziehen mag.

Manchmal mussten wir unsere Lektionen auf „die harte Tour" lernen – und wenn wir ganz ehrlich sind, war das öfter der Fall als es uns lieb war. Wir haben Entscheidungen darüber, wie wir in konkreten Fällen mit Störungen umgehen sollten, mal intuitiv aus dem Bauch heraus getroffen, mal aber auch wohlbedacht und konkret geplant. Es gab Entscheidungen, die sich als passend erwiesen, andere waren ganz offensichtlich falsch. Wir haben mit unterschwelligen, wenig nachdrücklichen, sozusagen „minimalinvasiven" Maßnahmen experimentiert – die teilweise eindeutig nutzlos waren – aber auch mit solchen, die wir heute als überdeutlich, ja drastisch einschätzen müssen … und die dann meist auch eher provozierend wirkten als befriedend und die deshalb ebenso wenig den erhofften Erfolg brachten.

Übrigens, eine häufige Erkenntnis routinierter Menschen ist, dass sie mit zunehmender Erfahrung auch zunehmend weniger Störende und Störungen wahrnehmen – ob sie nun bewusst über dieses Thema nachgedacht und sich gezielt Strategien zurechtgelegt haben oder nicht. Es ist also sehr gut möglich, dass Du in den kommenden Jahren Deine eigenen Wege zur Vermeidung von Problemen auch von alleine finden würdest – wenn Du viel mit Menschen arbeitest. Dennoch können wir es Dir zumindest ein wenig erleichtern, diese für Dich passenden Wege zu finden und zumindest die wahrscheinlichsten Störungsauslöser von vornherein zu umgehen.

Wie auch immer, basierend auf unseren praktischen Vorerfahrungen (und fortlaufend ergänzt durch neue) haben wir buchstäblich Jahre mit deren systematischer Aufbereitung verbracht – stets im Hinblick auf das bereits angesprochene Seminarkonzept. Natürlich haben wir Fachliteratur im Hinblick auf unser Thema gesichtet. Das Ergebnis war jedoch insgesamt gesehen eher ernüchternd. Es finden sich hier und da kurze Artikel mit Statements zum Thema als ‚Heckler-Maßnahmen' deklarierte Ratschläge oder Zusammenstellungen von ‚Punchlines' (nach dem Motto „Wie mache ich jemanden am schnellsten und gründlichsten mundtot?").

Letztlich mussten wir aber feststellen, dass es wirklich umfassende, systematische und praktikable (!) Aufarbeitungen der Problematik in der Literatur Mangelware waren. Die wichtigsten Ergebnisse unserer Recherche findet ihr im Anhang dieses Buches in Form eines kommentierten Literaturverzeichnisses. Vielleicht motivieren Euch unsere Kurzbeschreibungen, das eine oder andere Werk eingehender zu studieren. Es lohnt sich!

Wir haben also zunächst unsere eigenen Erfahrungen wie auch die von Kolleginnen und Kollegen verschiedener Professionen reflektiert und strukturiert. Wir haben präventive Maßnahmen und Vermeidungsstrategien ebenso gesammelt wie bewährte und effektive Reaktionen. Und wir haben die Ergebnisse unserer eigenen Erfahrungen mit Ergebnissen entsprechender Studien und Publikationen abgeglichen: z. B. mit eher akademischen Studien aus der Konflikt- und Kommunikationsforschung oder mit Kurskonzepten zur Supervision, Mediation oder zu lösungs- und prozessorientiertem Coaching. Wir haben psychologische und soziologische Erkenntnisse auf ihren Wert für unsere Praxis überprüft, so wie eigene Erfahrungen aus der Hypnosetherapie und dem NLP Bereich. Oops – ‚NLP' ... ein Reizwort!

Nun, wie auch immer Deine persönliche Meinung zum Thema NLP sein mag: Wenn man sich aus einem Themenbereich die für einen selbst richtigen Aspekte herauspickt und jene beiseitelässt, die man persönlich für fragwürdig hält, dann findet man unserer Erfahrung nach stets wertvolle Punkte, über die es sich nachzudenken lohnt und aus denen man etwas für sich ziehen kann.

Problematisch sind aus unserer Perspektive nur unkritische Übernahmen dogmatischer „Weisheiten" – aber das entspricht ohnehin nicht unserem Naturell: Selbst denken und selbst machen macht klug.

Wie auch immer, all dies zusammen, alle Erfahrungen und Erkenntnisse aus Jahren vielfältiger Praxis, gründlicher Reflexion und vertieftem Studium theoretischer Hintergründe gipfelten in einem durchgängigen Konzept, das wir in individuellen Coachings und Beratungen ebenso eingesetzt haben wie in Seminaren für Performer verschiedenster Sparten.

Was Du also im Teil I dieses Buches lesen wirst, sind unsere gebündelten Erfahrungen, persönlichen Erkenntnisse und Schlussfolgerungen, die wir in Anlehnung an unser entsprechendes Seminarkonzept strukturiert und ergänzt haben. Wenn Du über das Gelesene nachdenkst, behalte bitte stets im Sinn, dass diese Ausführungen unsere Schlussfolgerungen sind – sie sind subjektive Ergebnisse unserer subjektiven Erfahrungen. Wir haben sicher weder den Stein der Weisen noch die „ultimative Wahrheit" gefunden. Wir teilen hier unsere Sichtweisen – nicht mehr, nicht weniger. Ob nun jede Leserin und jeder Leser all unseren Schlussfolgerungen zustimmen mag oder nicht. Du hast vielleicht teilweise andere Erfahrungen gemacht und bist deshalb hier und da zu anderen Ergebnissen gekommen. Dennoch gehen wir davon aus, dass unsere Gedanken und Herangehensweisen an bestimmte Probleme es wert sind, über sie nachzudenken.

Später haben wir lange daran gearbeitet, unser Seminarkonzept in ein Buchformat umzuarbeiten. Und während dieser Zeit haben wir mit vielen routinierten Menschen aus aller Welt geplaudert, die in unterschiedlichsten Bereichen vor anderen „performen". Wir haben uns über unsere gegenseitigen Erfahrungen zum Thema ausgetauscht. Während dieser Zeit haben wir festgestellt, dass fast alle Angesprochenen hierzu grandiose Stories und Anekdoten aus ihrer langen und vielfältigen Aktivitätszeit zu erzählen hatten. Da waren Stories, bei denen wir Tränen lachen mussten, aber auch Anekdoten, die uns sehr nachdenklich machten. Gemeinsam hatten alle Erzählungen jedoch, dass sie Lehren beinhalteten, die gezogen wurden. Und sie „atmeten" die Weisheit von Jahrzehnten der Praxis. Diese Einsichten – aus lustigen Erlebnissen wie auch manchmal aus schmerzhaften oder unangenehmen – stellten daher eine unbezahlbare Ergänzung zu unserer Vorarbeit zum Thema dar.

Nun waren wir also in der wunderbaren Situation, die Arbeit an diesem Buch durch die Einsichten und Weisheiten unserer Freundschaften von den verschiedensten (expliziten und impliziten) Bühnen dieser Welt komplettieren zu können. In der zweiten Hälfte dieses Werkes findest Du demzufolge verschiedene wunderbare Geschichten, Anekdoten und nachdenkenswerte Essays zu unserem Thema, von einigen der erfahrensten Performerinnen und Performer unserer Zeit.

Wie Du merken wirst, repräsentieren sie eine immense Bandbreite unterschiedlicher Charaktere, Präsentationspersönlichkeiten und Arbeitsstile. Da sind jene, die hauptsächlich mit vergleichsweise wenigen Menschen arbeiten und andere, die im Grunde ausschließlich vor Großgruppen performen. Du wirst sowohl Beiträge von Arbeit in formellen wie in informellen Kontexten lesen als auch von Menschen, deren „Bühne" der Alltag ist. Einige haben ein ausgeprägt offensiv-humorvolles, „quirliges" Auftreten, während andere eher dezent und zurückgenommen agieren.

Und genau das ist der interessanteste Punkt an dieser Vielfalt: Wie Du sehen wirst, ergänzen sich die Beiträge einiger inhaltlich perfekt – wohingegen die Ausführungen anderer deutliche Unterschiede zueinander aufweisen. Allein das bietet uns eine wertvolle Erkenntnis. Wir können nämlich davon ausgehen, dass all diese unterschiedlichen Ansätze bei den Betreffenden in ihrer persönlichen Praxis perfekt funktionieren. Alle haben vielfältigste Erfahrungen im Laufe von Jahren und Jahrzehnten angesammelt – und ihre jeweiligen Ansätze sind das Resultat dessen.

Wenn manche Einsichten, die Du in der Folge zu lesen bekommst, also in unterschiedliche Richtungen weisen, bedenke dabei, dass die Verfahrens- und Verhaltensweisen einer Autorin oder eines Autors dem jeweiligen Charakter und der zugehörigen Persönlichkeit entsprechen und nun unter den üblichen Arbeitsbedingungen der Betreffenden genau so funktionieren. Ein anderer Mensch mit einem anderen Naturell, der in anderen Zusammenhängen aktiv ist, mag hingegen auf anderen Wegen besser ans Ziel kommen. Wenn Du also die Einsichten und Ratschläge unserer Gast-Beiträge studierst, all die verschiedenen Tipps und Hinweise, bedenke bitte, dass Du Deinen grundlegenden Charakter auch nicht ändern kannst – und nicht ändern sollst! Wobei es eine „endgültige Wahrheit" oder ein Patentrezept wie gesagt ohnehin nicht gibt.

Natürlich gibt es im Generellen Dinge zu tun oder zu lassen, wenn man professionell und souverän agieren möchte. Dennoch solltest Du unsere Sammlung an Weisheiten in diesem Buch eher als eine Art Werkzeugkiste sehen: Wähle jene Werkzeuge aus, die Deiner Persönlichkeit und Deinen individuellen Bedürfnissen im Rahmen Deiner üblichen Arbeitsbedingungen am ehesten entsprechen – und denke über jene Ratschläge zumindest nach, die auf den ersten Blick nicht so recht zu Deinem Charakter passen.

Vielleicht wirst Du überrascht sein: Manche Ratschläge, die Du im ersten Moment eventuell für fragwürdig hältst, könnten bei näherer Betrachtung durchaus einen praktischen Sinn ergeben und in der Tat zu bestimmten Deiner Probleme passen. Gönne also auch jenen Ausführungen einige Zeit des Nachdenkens, die Dir spontan weniger mit Deiner Persönlichkeit zu harmonieren scheinen. Vielleicht wirst Du überrascht sein, …

Dies sind also die Hauptteile des vorliegenden Buches: Unsere eigenen Erfahrungen und Überlegungen, die Ergebnisse unserer Studien, all die Methoden und Verfahren, die sich für uns bewährt haben – und die vielen unbezahlbaren Einsichten, die unsere Freundinnen und Freunde so bereitwillig mit uns und euch geteilt haben. Wir hoffen, dass unsere Ausführungen hilfreich und zumindest in Teilen auch unterhaltsam sind. Falls Du an irgendeiner Stelle das Bedürfnis verspürst, Deine eigenen Erfahrungen mit uns zu teilen oder bestimmte Aspekte diskutieren wollen, fühl' Dich eingeladen.

Los geht's …

Berlin, Deutschland Thomas Heine
Overath, Deutschland Rainer Mees
Solingen, Deutschland Michael Krisch
Sommer 2025

Interessenkonflikt

Die Autor*innen haben keine für den Inhalt dieses Manuskripts relevanten Interessenkonflikte.

Inhaltsverzeichnis

Teil I   Also machen wir uns mal Gedanken...

1   So etwas wie eine kurze Einführung oder: Probleme! – Lösungen?   3
2   Was sind „Störungen" eigentlich?   7
3   ... und so ganz persönlich?   9
4   Aha!   13
5   Schauen wir mal etwas genauer hin   15
6   Denkansätze im Hinterkopf   19
7   Wo liegt denn nun das Problem?   23
8   Ran an den Speck!   27
9   Das Große und Ganze   29
10   Wer zuerst kommt, ...   33
11   „Und nachher weint wieder einer!"   37
    11.1   Stufe 1: Ignorieren   40
    11.2   Stufe 2: Non-verbale und indirekte Signale   41
    11.3   Stufe 3: Einbindung   44
    11.4   Stufe 4: Unspezifische Ansprache   45
    11.5   Stufe 5: Persönliche Ansprache   47

11.6	Stufe 6: Inszenierung von Gruppendruck	49
11.7	Stufe 7: Entfernung der Störenden	51
11.8	Stufe 8: Abbruch der Performance	52
12	**Und abhaken: Checklisten**	**55**
13	**So kann's gehen**	**59**
14	**Blickwinkel: Essays**	**67**
14.1	Ein Plädoyer für die Lockerheit	68
14.2	Die Psychologie der Kooperation	71
14.3	Eine Frage der Einstellung	73
14.4	Du und Deine Bühne	77

Teil II Gesammelte Weisheiten

15	**Gesammelte Weisheiten**	**89**
15.1	Störungen auf dem Spielfeld	91
15.2	Kniebeugen	92
15.3	Die beängstigendste Person im Publikum	95
15.4	Das Hackbrett	100
15.5	Autorität erzeugen und Grenzen setzen	102
15.6	Auch Du, mein Sohn Brutus?	104
15.7	Ich mag das …	108
15.8	Glauben Sie eigentlich an Gott?	109
15.9	60 Jahre Berufserfahrung	110
15.10	Der Handzähler	116
15.11	Ein Bild und seine Reaktionen	119
15.12	Erfahrungen eines Straßenkünstlers	120
15.13	Status, Störungen und der Wert des Lebens	123
15.14	Störungen – so schlimm sind sie nicht!	124
15.15	Warum wir „Störer" brauchen	126

Zum Schluss   **131**

Über die Autoren

Thomas Heine Studiendirektor und Dozent in den Fachbereichen Biologie, Psychologie, Philosophie und Sportwissenschaft. Neben seiner kreativen Arbeit als Mentalist und Autor ist er auch im Bereich Hypnose und Hypnotherapie aktiv und beratend tätig. Er arbeitete viele Jahre im Auftrag des Jugendamtes mit Jugendlichen aus schwierigen sozialen Verhältnissen. Später entwickelte und leitete er Fortbildungen für Lehrkräfte zu den Themen „Störungen", „Problemkinder" und „Konfliktlösungsstrategien in Gruppen". Mehr unter: https://heine-hypnocoaching.de

Rainer Mees Seit mehr als 30 Jahren verbindet Rainer Technik mit Kreativität und schafft so neue Perspektiven. Als Dozent für unkonventionelles Denken begeistert er die Bauindustrie mit seinen Seminaren. Und als Gründer des Gentle Hypnosis Club zeigt er Persönlichkeiten aus Kunst, Politik und Wirtschaft, wozu unser Unterbewusstsein fähig ist. In der Mental- und Zauberkunst gilt er als einer der wichtigsten Köpfe hinter den Kulissen. Betritt er selbst die Bühne, wird aus Rainer: DER MEES – ein Künstler, der andere das Fliegen lehrt. Mehr unter: https://der-mees.com

Michael Krisch studierte Medienökonomie und Philosophie. Seine Arbeiten entstehen an den Schnittstellen von Kunst, Kultur, Wissenschaft und Wirtschaft. Genreübergreifend entwickelt er kreative Ideen, Konzepte und Produkte. Als Dozent, Moderator und Künstler verfügt er über jahrzehntelange Bühnenerfahrung im Umgang mit Menschen aus unterschiedlichen Kontexten. Sein Wissen vermittelt er in Keynotes, Workshops und Seminaren – im Auftrag von Organisationen, Unternehmen und Einzelpersonen. Und aus innerer Überzeugung. Mehr unter: https://micha-krisch.de

Teil I

Also machen wir uns mal Gedanken...

1

So etwas wie eine kurze Einführung oder: Probleme! – Lösungen?

„Intentio vero nostra
  est manifestare
  ea quae sunt
  sicut sunt

Unsere Absicht ist,
  die Dinge sichtbar zu machen,
  so,
  wie sie sind."

Friedrich II, Kaiser des Heiligen Römischen Reiches (1245): De arte venandi cum avibus („Von der Kunst, mit Vögeln zu jagen" / Das Falkenbuch)

„Lösungen?" – mit einem „?"? Nicht sehr vielversprechend, stimmt's? Nun ja, der Punkt ist, dass wir vom Auftreten von Problemen einfach ausgehen können. Sie sind schlicht unvermeidlich – es wird sie immer geben! Allerdings ist ihre Wahrnehmung sehr subjektiv. Sehen wir mal von eindeutigen Störungen wie beleidigenden Zwischenrufen oder gezielten Behinderungen ab, dann gibt es doch sehr viele kleinere Aspekte, die manche Vorführenden oder Präsentierenden als klare Störung interpretieren mögen. Für andere hingegen könnte die gleiche Situation nicht einmal eine Diskussion im Nachhinein wert sein.

Ebenso vielfältig wie die subjektive Wahrnehmung von „Problemen" sind die Situationen, in denen sie auftreten. Natürlich sind mögliche Schwierigkeiten im Rahmen einer formellen Bühnenpräsentation vor einer großen Gruppe unbekannter Personen vollkommen andere als bei einem eher informellen Event mit einer Kleingruppe von Bekannten. Und die vielfältigen Ursachen, die Problemen zugrunde liegen können, beeinflussen natürlich in gleichem Maße die eventuell erforderlichen Reaktionen und notwendigen Maßnahmen.

Wir werden Euch im Folgenden Überlegungen und praktisch umsetzbare Vorschläge zum Umgang mit dem Themenfeld „Probleme mit Anwesenden und Mitwirkenden" vorstellen. Wir werden Möglichkeiten aufzeigen, potenzielle Schwierigkeiten vorherzusehen. Wir werden konkrete Maßnahmen vorschlagen, solche Schwierigkeiten von vornherein zu vermeiden – wir werden uns aber auch mit akuten Reaktionen auf Störungen und der nachträglichen Auswertung von Problemsituationen beschäftigen.

Auch wenn das folgende Eingangsstatement nach dieser Ankündigung enttäuschend sein sollte, müssen wir doch vorab der Ehrlichkeit halber noch Folgendes einmal festhalten:

Es wird keine Patentrezepte geben, keine immer funktionalen Methoden und keine Allheilmittel!

Zu jedem Vorschlag wird man die Frage stellen können:

„Und wenn das nicht hilft? Was dann?"

Wenn man diese Frage nur oft genug wiederholt, wird man irgendwann als letzte mögliche Antwort die folgende geben müssen:

„Lebe damit – oder lass' es einfach!"

Den besten Tipp, so banal er klingen mag, wollen wir Euch gleich als Erstes geben: Sorgt dafür, dass Probleme gar nicht erst auftreten! Das Beste, was Ihr für euch selbst tun könnt, ist, auf Schwierigkeiten vorbereitet zu sein – wo immer sich eine Einflussmöglichkeit bietet:

- Durch Antizipation,
- durch gründliche Planung,
- durch die Verinnerlichung angemessener Verhaltensweisen
- und durch souveränes, flexibles Umgehen mit der Situation.

Diese Aspekte hängen beispielsweise eng mit Eurer Positionierung zusammen – also kurz gesagt damit, wie die Anwesenden Euch wahrnehmen. Und natürlich spielt auch gegebenenfalls die bewusste Auswahl geeigneter Mitwirkender und die angemessene Behandlung der Menschen im Publikum eine entscheidende Rolle.

Wenn man grundsätzlich keine Gegenspielerinnen oder Gegenspieler produziert, sondern stattdessen Mitspielerinnen und Mitspieler pflegt, dann ist der Großteil der potenziellen Probleme bereits beseitigt, bevor sie auftreten können. Die Prävention eines Auftretens von Störungen bildet daher die Basis all unserer Überlegungen.

Zu diesem Thema (Prävention) werden wir euch später noch umfangreiche Informationen anbieten. Lasst uns jedoch zunächst mit der scheinbar einfachen Frage beginnen, was „Störungen" denn eigentlich sind. Denn wie wir bereits angedeutet haben, ist deren Wahrnehmung alles andere als einheitlich oder eindeutig.

2

Was sind „Störungen" eigentlich?

„Alles geht, Alles kommt zurück; ewig rollt das Rad des Seins. Alles stirbt, Alles blüht wieder auf, ewig läuft das Jahr des Seins."

Friedrich Nietzsche (1883): Also sprach Zarathustra

In der gängigen Fachliteratur zur Kommunikations- und Konfliktforschung finden sich viele unterschiedliche Ansätze, die versuchen, das Grundproblem zu beschreiben. Angepasst auf unseren speziellen Bereich sähen dann solche Definitionen beispielsweise so aus:

„Konflikte" im engeren Sinne sind zumeist unangemessene sprachliche Äußerungen gegenüber der performenden Person oder auch gegenüber einzelner Sequenzen der Präsentation.

„Störungen" dagegen sind im engeren Sinne unangepasste Verhaltensweisen eines oder mehrerer Anwesenden, die das jeweilige Event spürbar beeinträchtigen.

„Na super – danke für die Weisheit! Und jetzt? Bringt uns das weiter?"

Tja, bringen uns diese oder ähnliche Definitionen tatsächlich weiter? Nun, sicher nicht unmittelbar. Aber solche Formulierungen werfen sofort verschiedene hilfreiche Folgefragen auf, wie beispielsweise jene hier:

- Was ist eigentlich „unangemessen" – und für wen überhaupt?
- Ab wann beeinträchtigt denn ein Verhalten unsere Performance?
- Und ab wann beeinträchtigt es uns selbst (persönlich)?
- Aber auch: Ab wann beeinträchtigt ein Verhalten unser Publikum?

Nun wirst sicher auch Du auf diese Fragen sehr persönliche Antworten finden. Und diese Antworten werden sich zumindest teilweise deutlich von denen anderer unterscheiden. Daher ist wohl folgende These plausibel: Ob eine bestimmte Äußerung oder eine gewisse Verhaltensweise als Störung oder Konflikt aufgefasst wird, hängt zunächst von der Wahrnehmung und Interpretation der Betroffenen ab. Von unserer eigenen Wahrnehmung und Interpretation, aber auch von der der restlichen Anwesenden; und hier insbesondere der unmittelbar Eingebundenen: von Mitwirkenden.

Natürlich gibt es – wie erwähnt – faktische Störungen, die in der Tat als nichts anderes interpretiert werden können. Doch es gibt eben auch sehr viele kleine Aspekte, die die Performenden des Typs A unter Stress setzen und daher als belastend/störend empfunden werden; der Performende des Typs B hingegen akzeptieren die gleichen Punkte mit gelassener Ruhe, ohne dass überhaupt das Gefühl einer Störung oder übermäßigen Belastung aufkommt. Solche kleineren Einflüsse auf das persönliche Stressempfinden (wir steigern uns später zu den „großen Problemen") resultieren z.B. aus:

- allgemeiner Unruhe von Teilen des Publikums, im Sinne von Abgelenktheit, Unkonzentriertheit, störenden Nebengesprächen;
- Ungenauigkeiten in der Befolgung von Anweisungen;
- sie resultieren aber auch aus demonstrativem Desinteresse oder
- der Größe des Publikums, möglicherweise in Bezug zur Raumgröße (den subjektiven Vorlieben nach zu groß oder zu klein),
- etc.

Es gibt Unmengen solcher Aspekte, die A als ausgesprochen belastend wahrnimmt und die daher gerne beseitigt sein sollten, während die gleichen Punkte für B nicht einmal eine erhöhte Aufmerksamkeit wert sind. Dennoch, – wie andere darüber denken, ist für Betroffene selbst vollkommen unerheblich: Wenn mich Aspekte stören, muss ich daran arbeiten. Ich muss entweder Wege finden, sie zu vermeiden – oder lernen, damit zu leben! So einfach ist das.

Vielleicht ist Dir eine bestimmte Idee aus der griechischen Philosophie geläufig: In seinen sokratischen Dialogen stellt Plato fest, dass die richtige Frage bereits die richtige Antwort enthalte. Wer also in der Lage ist, zu einem Problem die richtige Frage zu formulieren, hat damit (zumeist) auch schon die passende Antwort gefunden – oder ist zumindest auf einem guten Weg dorthin.

Auf dieser Grundlage wollen wir Dich im Folgenden zunächst darin bestärken und unterstützen, die richtigen Fragen zu stellen. Eben dies wird uns auf den nächsten Seiten beschäftigen.

3

… und so ganz persönlich?

Auf den letzten Seiten konnten wir hoffentlich verdeutlichen, dass es „die Störung" als solche nicht gibt. Was jemand als störend, lästig und ärgerlich empfindet, ist sehr subjektiv und individuell. Bevor wir also darüber nachdenken, wie man auf eine „Störung" reagiert, sollten wir zunächst einmal klären, was es denn nun eigentlich genau ist, was uns stört und ärgert. Die folgenden, scheinbar einfachen Fragen können uns helfen, zunächst einmal unsere eigene Reizschwelle zu erkennen und unsere persönlichen Wahrnehmungs- und Reaktionsgewohnheiten zu klären:

Was empfindest Du selbst als Störung?
Welchen Äußerungen, Verhaltensweisen, Situationen etc. würdest Du selbst das Etikett „Störung" anheften? Wenn Du diese Frage für Dich selbst beantwortest, verschwende bitte nicht Deine Zeit mit gezielten Provokationen und bewusst inszeniertem Ärger. Man muss wirklich nicht lange darüber nachdenken, ob man das Verhalten eines Anwesenden als Störung bezeichnen würde, der gegen unseren Wunsch in unsere Unterlagen, unser Equipment oder unsere Requisiten greift, um sie – unter lautstarkem Gepöbel – zu „untersuchen", richtig?

Verschwende also bitte Deine Zeit nicht mit dem Offensichtlichen. Denke bitte stattdessen darüber nach, was die niedrigste Stufe von Vorkommnissen ist, die Du als Störung definieren würdest! Denke über all die kleinen, lästigen Verhaltensweisen nach, die Dich nerven. Welche konkreten Vorkommnisse sind aus Deiner Sicht der Beginn dessen, was Du als „Störung" bezeichnen würdest?

Wann treten solche oder ähnliche Vorkommnisse zumeist auf?
Kannst Du bestimmte Situationen oder Charakteristika von Situationen erkennen, in denen das auftritt, was Du als „Störung" empfindest? Gibt es bestimmte Momente oder Umstände, in denen Störungen häufiger sind als in anderen? Oder sind da vielleicht spezielle Organisationsformen, in denen Du des öfteren Probleme wahrnimmst? Gibt es Regelmäßigkeiten in der Anzahl der Anwesenden oder unmittelbar Mitwirkenden (einer, zwei oder mehrere)? Was ist mit Gemeinsamkeiten im Hinblick auf Deine Position im Raum oder auf der Bühne, falls Du eine hast – oder bezüglich der Frage, ob Du gerade stehst oder sitzt, wenn es Probleme gibt, etc.?

Wie reagierst Du üblicherweise auf solche „Störungen"?
Neigst Du dazu, sie zunächst zu ignorieren? Oder reagierst Du üblicherweise unmittelbar? Und wenn ja, gibt es spezielle Reaktionen oder Statements, die Du häufig einsetzt? Gibt es insgesamt gesehen irgendwelche Regelmäßigkeiten in Deinen Reaktionen auf das, was Du als „Störung" definiert hast?

Wie reagieren üblicherweise die Anwesenden (die Mitwirkenden, aber auch die Störenden selbst) danach auf Dich?
Diese Frage betrifft also nicht nur die Mitwirkenden, sondern auch (und gerade) diejenigen, die aus Deiner Sicht gestört haben. Setzen sie häufiger ihr Störverhalten fort oder beenden sie es? Gibt es üblicherweise überhaupt eine Reaktion auf die Intervention? Und wenn ja, in welcher Weise beeinflusst Deine Reaktion die Situation? Wird es besser? Oder schlechter? Oder bewirkst Du zumeist eigentlich eher gar nichts? Sei ehrlich zu Dir selbst!

Es sollte klar sein, auf wie vielen Ebenen es hilfreich sein kann, sich solche und ähnliche Fragen zu stellen – und sie ehrlich zu beantworten. Sie helfen nicht nur dabei, einen selbstkritischen Blick auf uns selbst, unser Denken und Handeln zu werfen. Überdies ergeben sich aus diesem Nachdenken auch erste Ideen bezüglich möglicher Gründe und Ursachen für problematische Aspekte. Dies könnten zum Beispiel folgende sein:

- Eine ungünstige Zielgruppenwahl in Bezug auf unsere Vorführpersönlichkeit und/oder unser Programm: zu alt, zu jung, intellektuell zu „schlicht" oder zu „akademisch", …
- zu geringe persönliche Zuwendung zum Publikum: Wir performen eher für uns selbst als für die Anwesenden.
- äußere Einflüsse, die sich beispielsweise aus dem Ort oder der Zeit unseres Auftritts ergeben: zu früh, zu spät, zu laut, zu warm, zu kalt, zu unbequem, …

- Vorgaben von Auftraggebern oder Veranstaltern: schlechte zeitliche oder räumliche Position, unpassende Programmwahl, ...
- unrealistische Erwartungshaltungen des Publikums: nicht zu unserem Programm passende Buchung und Ankündigung unserer Show, ...

Aus diesen und ähnlichen Überlegungen können wir nun unsere ersten Schlussfolgerungen ziehen.

4

Aha!

„Nichts wird so fest geglaubt wie das, was wir am wenigsten wissen."

Michel de Montaigne (1533–1592)

Natürlich gibt es Maßnahmen, die sich erfahrungsgemäß im Hinblick auf die eben angerissenen Probleme eignen. Und diese orientieren sich zwangsläufig an den als persönlich belastend empfundenen Dingen und deren vermuteten Ursachen. Hieraus lassen sich dann erste Schlussfolgerungen wie die folgenden ziehen:

- Beachtung der bevorzugten Gruppengröße und Selbstbeschränkung, wenn diese deutlich über- oder unterschritten wird.
- Beachtung räumlicher oder organisatorischer Bedingungen. Sind sie vollkommen unpassend: Lass' es!
- Ermittlung der Eigenheiten einer jeweiligen Zielgruppe vorab und Anpassung der aktuellen Planung an diese Bedingungen.

OK, der Rat „angepasst" zu planen ist nun nicht sehr konkret, richtig? Doch an dieser Stelle können wir zunächst nur Beispiele geben, denn die Frage „Angepasst an was genau?" ist noch nicht beantwortet. Aber zwei Maßnahmen bezüglich der jeweiligen Zielgruppe könnten z. B. sein:

- senken oder erhöhen des intellektuellen Anspruchsniveaus – oder
- verstärken oder reduzieren des emotionalen Faktors

Auch wenn es nach Klischee klingt: Bei hohem Frauenanteil im Publikum kann z.B. manchmal eine Erhöhung menschlich-emotionaler Bezüge gut sein, allerdings ohne dass dabei die Herren ignoriert werden dürfen – keine Provokationen! Keine Angst – wir werden gleich konkreter, nachdem wir uns zunächst ein wenig ausführlicher mit einer ersten Ursachenanalyse befasst haben.

5

Schauen wir mal etwas genauer hin

Nehmen wir an, gewisse Probleme oder Störungen während unserer Performances wiederholen sich. Und nehmen wir darüber hinaus an, wir können bei genauerem Hinsehen auch Regelmäßigkeiten erkennen. Um einige Beispiele zu nennen: Regelmäßigkeiten in Bezug auf bestimmte Momente der Performance, bei speziellen Anforderungen an Anwesende bezüglich gewisser Publikumskonstellationen oder eventuell bei Events in bestimmtem Ambiente. In diesem wünschenswerten Fall, wenn wir nicht nur Probleme als solche, sondern sogar erste Regelmäßigkeiten erkannt haben, ist nun ein gezieltes Beobachtungsraster hilfreich. Es kann uns dabei unterstützen, mögliche Ursachen in Bezug auf unsere eigene Performance noch klarer zu erkennen. Hier einige bewährte Vorschläge für gezielte Analysefragen.

In Bezug auf Inhalte und Methoden
- Können Mitwirkende tatsächlich die Dinge problemlos bewältigen, zu denen ich sie auffordere – technisch, manuell, intellektuell? Kann eine Person einen Text/ein Buch zum Beispiel wirklich lesen?
- Wissen eingebundene Personen eigentlich, was ich von ihnen erwarte? Kann ich mich mit meinen Anforderungen verständlich machen?
- Gibt es Menschen im Publikum oder Mitwirkende, die mit bestimmten Dingen vorab erkennbar über- oder unterfordert sind?
- Welches sind ihre (und meine!) Hauptschwierigkeiten?
- Welche inhaltlichen Neben-/Folgeprobleme treten auf?

In Bezug auf die Organisation und den Ablauf
- Halten die Anwesenden und die Mitwirkenden den Ordnungsrahmen ein, den ich für angebracht halte?
- Kennen sie diesen Rahmen (meine Erwartungen) überhaupt?
- Werden – wenn für bestimmte Abläufe erforderlich – vorgegebene Raumwege oder Reihenfolgen eingehalten?
- Können die Mitwirkenden das eigentlich unter den gegebenen Bedingungen?
- Drängen sich einige Anwesende regelmäßig vor oder halten sich andere auffällig zurück?
- Sind überhaupt alle Anwesenden zumindest bezüglich ihrer Aufmerksamkeit (ihres Fokus), in meine Performance eingebunden?
- Können denn alle sehen und hören, worum es geht?
- Und was tun gegebenenfalls diejenigen, die ihre Aufmerksamkeit nicht meiner Performance widmen? Womit beschäftigen sie sich?
- Abhängig vom jeweiligen Ablauf und den räumlichen Bedingungen: Treten womöglich irgendwo irritierende Sicherheitsprobleme auf?

In Bezug auf Sprache und Ausdruck
- Verstehen die Anwesenden eigentlich, was ich mit meinen Ansagen und Erklärungen meine? Was ich von ihnen erwarte?
- Haben sie überhaupt zugehört? Konnten sie das?
- Wie reagieren die Anwesenden auf mich und meine Ansagen?
- Wie reagieren sie aufeinander (gibt es gegenseitige Vorbehalte)?

In Bezug auf Konzentrationsfähigkeit und soziales Verhalten
- Können (wollen?) sich die Anwesenden auf die Performance konzentrieren und sich darauf einlassen?
- Sind sie wirklich gedanklich dabei? Oder handelt es sich aus Sicht der Anwesenden eher um eine „Pflichtveranstaltung", der sie ungewollt beiwohnen müssen? Das ist bei Firmenevents nicht selten der Fall!
- Ist offene oder versteckte Ablehnung festzustellen? (Mir gegenüber oder auch gegenüber Personen im Publikum)
- Nehmen nicht aktive Anwesende Rücksicht auf aktiv Mitwirkende?
- Werden Mitwirkende aus dem Publikum heraus veralbert oder provoziert?

Wir werden uns dem Bereich der Störungsursachen (und wie man ihnen vorbeugen kann) später noch im Detail zuwenden. Doch auch jetzt sollte schon klar geworden sein, wie man gezielt potenziell problematischen Aspekten auf den Grund gehen kann.

Unsere Beispielbereiche (Inhalte und Methoden, Organisation und Ablauf, Sprache und Ausdruck, Konzentrationsfähigkeit und soziales Verhalten) bieten bereits ein weites Feld zur Selbstreflexion. Aber Du wirst uns sicher zustimmen, dass unsere Differenzierung in diese vier Bereiche nicht die einzige Möglichkeit ist, Schwerpunkte zu setzen. Du selbst magst noch andere zusätzliche Bereiche sehen, deren Analyse für Dich hilfreich ist. Doch die hier angebotenen Bezüge haben sich in unserer eigenen Praxis und auch in Beratungen als hilfreich erwiesen – und wir werden auch später noch konkreten Bezug darauf nehmen.

6

Denkansätze im Hinterkopf

„Habe Mut, dich deines eigenen Verstandes zu bedienen!"

Immanuel Kant (1784): Beantwortung der Frage: Was ist Aufklärung?

Der amerikanische Psychologe Thomas Gordon hat seit den 1970er bis in die 2000er-Jahre hinein an Störungen von Beziehungen zwischen Menschen untersucht. Dabei hat er modellhaft verschiedene Kommunikations- und Konfliktlösungsansätze entwickelt, die Du einmal testweise auf Deine Situation auf einer Bühne bzw. auf Deine Performance-Bedingungen anwenden kannst. Diese Modelle entsprechen ohnehin dem, was ein routinierter Performer intuitiv (und seinem Naturell folgend) in Problemsituationen anwendet. Auch wenn die beiden folgenden Modelle natürlich etwas überspitzt klingen mögen, so entsprechen sie doch üblichen Verhaltenstendenzen. Schauen wir sie uns kurz an und stellen sie auf den Prüfstand:

I. Die Beziehung zwischen Dir (im Performance-Mode) und den Anwesenden wird als eine Art „Machtkampf" geführt, aus dem Du siegreich hervorgehen willst bzw. tatsächlich hervorgehst. Anwesende oder Beteiligte hingegen stellen ihre möglicherweise abweichenden Wünsche und Erwartungen gegenüber Deinen zurück. Sie ordnen sich also unter und ist demnach die „Verliererin/Verlierer" in dieser Situation.
II. Der in Modell I angesprochene „Machtkampf" hat umgekehrte Vorzeichen: Du stellst Deine eigenen Planungen und Vorhaben hinter die mehr oder weniger lautstark geäußerten Wünsche und Ansprüche be-

stimmter Anwesender (Störende, Mismatcher) zurück. Du unterliegst nun durch eine wenig durchsetzungsfähige/-willige (permissive) Haltung den Betreffenden gegenüber; dort sitzen nun die „Siegerinnen/Sieger" … und Du auf der Bühne hast damit in der Situation „verloren".

Beide Varianten führen offensichtlich dazu, dass die Bedürfnisse eines Teils der hier Beteiligten unberücksichtigt bleiben. Nun ist es natürlich immer so, dass die Wünsche und Erwartungen verschiedener Personen zumindest in Teilen widersprüchlich sind. Und zumeist schält sich dann in der Praxis eine Art „Kompromiss" heraus. Allerdings liegt es in der Natur von Kompromissen, dass sie keinem der Beteiligten voll entsprechen.

Die Frage ist also, wie ausgeprägt das „Opfer" der Einzelnen dabei ist. Ist das nötige Zurückstecken eines der Beteiligten sehr stark ausgeprägt – wie in den Modellen I und II – fördert das eine mehr oder weniger unbefriedigte Grundstimmung. Und diese ist natürlich ihrerseits eine hervorragende Basis für Störungen. – Die Atmosphäre für eine harmonische, entspannte und kooperative Performance sieht sicher anders aus.

III. Eine sich anbahnende Konfliktsituation wird so angegangen, dass alle Beteiligten ohne Gesichtsverlust kooperieren können. Es gibt weder in der eigenen Wahrnehmung noch aus der Sicht der anderen Anwesenden Unterlegene. Dies vermeidet verärgernde Niederlagen auf der einen Seite ebenso wie eventuelle Schuldgefühle auf der anderen. Es schafft das Gefühl einer Mitverantwortung und erhöht die für die eigentliche Performance zur Verfügung stehende Zeit.

Hmm, tja – klingt nett … ist aber immer noch nicht sehr konkret und praktisch, nicht wahr? Zugegeben! Aber wenn Du Dir die geistige Grundhaltung, auf der Modell III basiert, für einen Augenblick durch den Kopf gehen lässt, dann wird auch der prinzipielle Ansatz, den wir später verfolgen und in unseren konkreten Maßnahmen umsetzen, klarer.

Es geht nicht in erster Linie darum, einen Konflikt zu gewinnen! Es geht nicht einmal darum, überhaupt etwas auszukämpfen! Es geht nicht um einen „Wettstreit" zwischen uns und Anwesenden. Es geht um den Versuch, wenn möglich, eine harmonische und kooperative „Partnerschaft" im Dienste des gemeinsamen Erlebnisses zu initiieren – ob dieses Erlebnis nun ein Vortrag ist, eine Bühnenshow oder ein Seminar.

Wir wollen also keine Menschen produzieren, die das Gefühl haben, gewonnen oder verloren zu haben – wir wollen Partner erzeugen. Ja, das mag im ersten Moment ein wenig pathetisch klingen, aber Du wirst sehen, dass es viele Wege gibt, dieses Ziel zu erreichen. Doch auch für den Fall, dass alle diese Wege fehlschlagen, haben wir später konkrete „Outs", also praktikable Vorgehensweise für die wenigen wirklich unvermeidbaren Konfliktsituationen, zusammengestellt.

Doch zunächst einmal wollen wir noch daran arbeiten, möglichst entspannt, regulierend und beruhigend zu bleiben – und das präventiv ... solange es noch möglich ist.

7

Wo liegt denn nun das Problem?

Ursachen von Störungen sind ebenso vielfältig wie das, was überhaupt als Störung empfunden wird. Und wenn wir uns in der Folge etwas ausführlicher mit möglichen Quellen von Problemen beschäftigen, gehen wir daher auch nicht davon aus, eine wirklich vollständige Liste zusammenstellen zu können. Doch alleine der Versuch, sich potenzielle Problembereiche bewusst zu machen, kann sehr hilfreich sein. Schon das reine Wissen um mögliche Problemauslöser hilft, die Schwierigkeiten, die daraus resultieren können, bereits im Vorfeld zu vermeiden – oder zumindest darauf vorbereitet zu sein. Prävention und Antizipation sind stets die besten Mittel. Jedenfalls weit besser als alles, was wir hinterher tun können, um mit einmal aufgetretenen Problemen irgendwie konstruktiv umzugehen. Grundsätzlich können wir bei der Suche nach möglichen Auslösern und Ursachen für Störungen drei Bereiche voneinander trennen:

- Das sind zunächst einmal Ursachen und Auslöser, die sich auf Vorführende, die Performenden als solche zurückführen lassen, also auf uns selbst: auf unser Verhalten und all das, was wir tun und sagen, was wir (re-)präsentieren.
- Darüber hinaus gibt es natürlich jene Ursachen, die eindeutig bei den Zuschauenden, Zuhörenden (bei einzelnen oder Teilgruppen), den Mitwirkenden oder sonstigen Anwesenden liegen.
- Und letztlich gibt es noch die Störungsauslöser, die aus Problemen des räumlichen oder zeitlichen Rahmens der Performance resultieren.

Wir listen nachfolgend für jeden dieser drei Bereiche einige Beispiele für Störungsursachen auf; und wie gesagt werden diese Zusammenstellungen nicht vollständig sein. Sie geben jedoch einen deutlichen Eindruck davon wieder, wie vielfältig die Ursachen gelagert sein können. Wenn Euch beim Lesen das eine oder andere vertraut vorkommt, ergibt sich daraus vielleicht schon einmal ein erster Ansatz zum Hinterfragen der eigenen persönlichen Problemfelder.

Der Vorführende selbst
Beispiele für Ursachen, die bei den Performanzen liegen:

- Unangemessen autoritäres oder arrogantes Verhalten bewirkt oftmals ein mehr oder weniger bewusstes Abwehrverhalten anderer.
- Das gleiche gilt auch für eine übermäßige Betonung der „Machtposition", die man als Person mit dem Mikrofon hat (oder zu haben glaubt).
- Das Gegenteil ist allerdings genauso wahr: Ein Mangel an Autorität verursacht ebenso Probleme.
- Demonstriertes Desinteresse an den Zuschauern und Mitwirkenden als Individuen provoziert Widerspruch.
- Unsensibilität gegenüber den Gefühlen der Anwesenden durch schlecht dosierte Ironie, Zynismus oder Sarkasmus.
- Eine auffällige Bevorzugung oder auch die Benachteiligung bestimmter Anwesender kann dafür sorgen, dass die Ignorierten versuchen, die Aufmerksamkeit auf sich zu ziehen.
- Eine spürbare Angst oder Unsicherheit bezüglich der Situation im Allgemeinen oder einer Phase im Speziellen ermutigt potenzielle Störende.
- Eine zweideutige (Körper-)Sprache – auch zwischengeschlechtlich – ist sehr oft problematisch.
- Gleiches gilt für den Fall, dass die oder der Vorführende ein schlechtes Vorbild ist, beispielsweise in Bezug auf die eigene Disziplin und Sorgfalt. Das betrifft den Umgang mit eigenen Materialien, Requisiten oder Equipment ebenso wie Pünktlichkeit, Zuverlässigkeit oder Ordentlichkeit – auch wenn es zum Beispiel nur um das Beschriften an einem Flip Chart geht.
- Dass professionelle Inkompetenz ein Aspekt ist, der stets Probleme provoziert, bedarf wohl keiner weiteren Erklärung.
- Aber auch wenn Du professionell kompetent bist, können Probleme aus einem Mangel an angemessener Vorbereitung auf eine Performance resultieren. Neben fehlenden Requisiten erkennt man eine nicht angemessene Vorbereitung beispielsweise auch an Vorträgen, die nicht auf den Punkt

kommen und langatmig oder gar langweilig sind. Für unpassende Präsentationsformen (im Hinblick auf das aktuelle Publikum) gilt das gleiche. Schlecht vorbereitet sind auch Phasen, die eine wie auch immer geartete Einbindung des Publikums vermissen lassen oder die ohne jeden dramaturgischen Phasenwechsel dröge werden.
- …

Wenn Du Dir ein paar Minuten Zeit nimmst, wirst Du sicher noch viele Aspekte mehr finden, die Probleme verursachen können und deren Ursache in Grunde genommen bei den Performanden selbst liegen. Das ist eigentlich beängstigend, nicht wahr? Andererseits steckt darin aber auch ein positiver Aspekt: Auf Probleme, die bei uns selbst liegen, haben wir einen recht großen Einfluss! Ein Ansatzpunkt!

Die Zuschauer und Mitwirkenden
Beispiele für Ursachen, die bei den Anwesenden oder Mitwirkenden liegen:

- bewusste, gezielte Provokationen mit dem Ziel, sich selbst ins Rampenlicht zu begeben (und dabei Deine Geduld zu testen)
- Voreingenommenheit gegen Dich als Person oder Deine Rolle
- „mitgebrachte" persönliche Probleme, die zwar keinen ursächlichen Zusammenhang mit der Performance haben, dort aber ausgelebt werden
- Langeweile (was natürlich in direkter Verbindung zur Performance steht)
- generelles Desinteresse (beispielsweise wenn die Anwesenheit hier im Rahmen von Firmenevents für alle Angestellten verpflichtend ist)
- intellektuelle, aber auch praktische Überforderung in Bezug auf die Erwartungen an die aktive Mitwirkung
- Problematisch ist aber im umgekehrten Fall ebenso eine intellektuelle Unterforderung durch zu einfache Fragen oder Anforderungen, die das Publikum für lächerlich hält.
- Ablenkungen (optische, akustische oder durch Berührungen/Enge) oder akute persönliche Bedürfnisse (Hunger, Durst, Übermüdung)
- unangenehme Interaktionen zwischen Mitgliedern des Publikums (sich gegenseitig anheizen, aber auch Konflikte zwischen Anwesenden oder Teilgruppen im Publikum)
- altersspezifische Probleme (wie beispielsweise Pubertät oder auch Hörprobleme bei Senioren)
- Pathologisches (Neurosen, Krankheiten, Verhaltensstörungen) oder auch nur Konzentrationsprobleme, motorische Unruhe oder Hyperaktivität

Der zeitliche und räumliche Rahmen
Beispiele für Ursachen aufgrund des zeitlichen oder räumlichen Rahmens der Performance:

- Geräuschkulisse – von anderen Tischen oder auch Anwesenden beim Restaurant-Events oder Feierlichkeiten zum Beispiel, aber auch Straßen oder Baustellengeräusche von außerhalb
- Defizite in der Raumausstattung wie unbequeme Stühle, aber auch ein zu kleiner Raum oder schlechte Sicht; schlechte Luft kann ebenso ein Aspekt sein wie Temperaturprobleme (zu warm, zu kalt, Zugluft)
- störende Nebenaktivitäten, wenn beispielsweise bei einer Performance auf einer Messe oder einem Festival mehrere öffentliche Aktivitäten zeitgleich in unmittelbarer Nähe stattfinden
- mangelhafte technische Ausstattung am Veranstaltungsort (schlechte Beschallung oder ungeeignete Ausleuchtung, etc.)
- ungünstige Zeitplanung (wenn zum Beispiel bei einer Feier weite Teile des Publikums zum Zeitpunkt der Show bereits betrunken sind)

Zwischenfazit
Wenn wir uns all diese möglichen Problembereiche einmal anschauen, dann sollten zumindest zwei Schlussfolgerungen deutlich werden:

1. Probleme, die aus dem Publikum oder dem räumlichen und zeitlichen Rahmen des Auftritts resultieren, sind oft unvermeidlich.
2. Auslöser für potenzielle Probleme hingegen, die in irgendeiner Form bei den Performenden selbst liegen, lassen sich sehr oft und sehr einfach vermeiden. Dort sollten wir also stets beginnen: bei uns selbst!

8

Ran an den Speck!

Was können wir also tun? Im Allgemeinen und im Speziellen, wenn es um jene Problembereiche geht, deren Ursachen in uns selbst liegen? Bevor wir einige ganz konkrete Beispiele für Reaktionsmöglichkeiten im Rahmen einer Performance geben, möchten wir einige grundlegende Denkrichtungen vorstellen. Diese sollten verinnerlicht sein und in Fleisch und Blut übergehen.

Unerwünschtes Verhalten hemmen
Zu Anfang dieses Buches haben wir Euch den Rat gegeben, dafür Sorge zu tragen, dass Probleme gar nicht erst auftreten. Der erste und wertvollste Schritt in diese Richtung ist also gründliche situations- und zielgruppenangemessene Planung. Wir werden diesen Aspekt etwas später noch einmal aufgreifen.

Vermeidung negativer Vorbilder
Auch wenn vielleicht einzelne Anwesende eine gewisse „Grundneigung" dazu haben, zu stören oder sich ungefragt in den Vordergrund zu spielen, ist es doch nicht selbstverständlich, dass sie wirklich aktuell zum Problem werden. Häufiger ist es der Fall, dass die Störung erst dann auftritt, wenn sich der Betreffende zu Recht oder zu Unrecht provoziert fühlt. Natürlich können wir das nicht immer vermeiden – man kann es nicht immer jedem recht machen. Aber wir können nicht notwendige unangenehme Erfahrungen für Anwesende vermeiden. Und wir können vermeiden, aggressive oder undisziplinierte Vorbilder zu sein, nicht wahr? Ebenso können wir dafür sorgen, keine Unklarheiten bezüglich unserer Ansagen, Erklärungen oder Demonstrationen oder provokante Hinweisreize zu vermitteln.

Verstärkung positiver Vorbilder

Der erste und wichtigste positive Anreiz sollten natürlich wir selbst sein – die Vorführenden. Sind wir also nicht nur handwerklich/technisch gut sind in dem, was wir tun, sondern überdies humorvoll, liebenswürdig und sympathisch, bildet das schon einmal eine sehr gute Grundlage für alles Weitere. Ein positives Verhaltensvorbild (Modell) zu bieten, zahlt sich ebenso aus: Zeigen wir beispielsweise einfühlsames Verhalten, so haben wir eine gute Chance, auch einfühlendes Verhalten bei unserem Publikum auszulösen (ganz so wie umgekehrt ein gestresstes oder aggressives Vorbild schnell gestresstes und aggressives Verhalten im Publikum triggert). Haltet das Interesse der Anwesenden aufrecht, indem ihr, wenn es möglich ist, für Motivation durch Einbeziehung von Eigenerfahrungen sorgt – und gestaltet den Gesamtablauf übersichtlich und transparent. All dies sind positive und präventive Maßnahmen und nicht negative und „kurative", die angesetzt werden müssen, wenn das Kind bereits in den Brunnen gefallen ist.

Vorbehalte und Sichtweisen ändern

Wenn es dennoch Probleme gibt, sollten wir uns grundsätzlich bemühen, diese zu entdramatisieren, eventuelle (persönliche) Vorbehalte gegenüber Anwesenden überwinden und eine offene, akzeptierende Grundhaltung, beispielsweise auch prinzipiell skeptischen Menschen gegenüber, einzunehmen. Wir sollten in dem uns möglichen Rahmen persönliche Beziehungen zu den Anwesenden aufbauen und kooperative Vorbilder im Publikum beispielsweise durch ein Lächeln und subtile Zuwendung würdigen. Zugleich gilt es aber, öffentliche Schuldzuschreibungen und Verurteilungen zu unterlassen.

9

Das Große und Ganze

Bei auftretenden Problemen sollten wir stets mehr oder weniger explizit deutlich machen, dass unser Hauptziel eine zügige Rückkehr zur jeweiligen Performance ist: zum Vortrag, zur Show, zur Präsentation, … eben zu dem, was Dein eigentliches Ziel im Rahmen des gegebenen Events ist!

Es besteht bei uns kein Interesse an ausufernden Diskussionen oder einer unkontrollierten Konflikteskalation, womöglich verbunden mit einer persönlichen Abwertung des oder der Betreffenden. Denn dies würde stets als erneute Provokation wahrgenommen, der sich unser Gegenüber in der Mehrzahl der Fälle durch einen erneuten Gegenangriff erwehren wird. Über die Jahre haben sich diesbezüglich folgende grundlegende Techniken bewährt:

- Reagiere stets möglichst frühzeitig, aber dezent, in undramatischer und vorwurfsfreier Art und Weise. Bevor einerseits der eigene Ärger ansteigt und sich andererseits Dein Counterpart in eine Rolle hineinsteigt, aus der es ohne Gesichtsverlust kein Zurück mehr gibt. Überdies gilt als Regel: Je größer der eigene Ärger wird, umso weniger lassen sich eskalierende nonverbale und verbale Reaktionen kontrollieren.

- Vermeide alle Vorhaltungen und Moralpredigten! Eine Konfliktsituation während einer Performance beziehungsweise in der Öffentlichkeit (vor Publikum) ist der ungünstigste Zeitpunkt für ein persönliches Feedback. Selbst gerechtfertigte Kritik wird hier meist wegen des damit einhergehenden gefühlten Gesichtsverlustes abgelehnt. Daher: Keinesfalls schuldzuschreibend oder vorwurfsvoll reagieren, sondern konstruktiv nach vorn schauend.

- Selbst wenn sich ein offener und gerechtfertigter Vorwurf gut anfühlt und Dir hilft, Dampf abzulassen, so führt möglicherweise eine offen ausgetragene Konfrontation während einer Performance und vor Publikum zu noch größeren Problemen als die, die bereits vorher da waren.

- Wir äußern nötigenfalls stets kurz und klar, was wir von den Mitwirkenden und dem Publikum erwarten – und nicht, was wir *nicht* erwarten. Egal ob es als erwünscht oder als unerwünscht deklariert wird: In dem Moment, in dem wir ein Verhalten erwähnen/aussprechen, ist es als Handlungsoption in den Köpfen der Anwesenden präsent; ob wir das Wort „nicht" dabei verwenden oder es lassen. Es ist ein Unterschied in der Ermahnung des auf den Baum kletternden Kindes, ob wir sagen, „Fall' nicht runter!" oder „Halt' Dich gut fest!". Also verankern wir lieber das positive Bild (das gewünschte Verhalten) durch eine Nennung und nicht das negative.

- Deeskalierend wirkt immer und in jedem Fall der konstruktive Blick voran. Auch Anwesende, die sich zuvor danebenbenommen haben, haben die Chance, den weiteren Verlauf des Geschehens harmonisch mitzugestalten. Das heißt, sie müssen sich nicht mit der Interpretation vorheriger, ggfs. unangemessener Situationen und Verhaltensweisen beschäftigen. Wir wollen also nicht darüber diskutieren, was oder wer ‚Schuld' an einem Problem hatte, sondern wir möchten entspannt mit dem Programm weiter machen.

- Wir schauen störende Anwesende bei deeskalierenden Ansprachen nur *kurz* an! Ein langes Fixieren in Problemsituationen signalisiert Konfliktbereitschaft. Besser ist es also, auf einen Störenden stets nur einen kurzen Blick zu werfen, um dann sofort wieder auf die gerade verwendeten Requisiten oder einen anderen Mitwirkenden, mit dem Du im Gespräch bist, zu schauen. Wir können auch nach dem Blick zum Störenden kurz einladend in die gewünschte Richtung deuten. Dies signalisiert in jedem Fall nonverbal, dass wir an der Weiterarbeit interessiert sind und nicht an einer Auseinandersetzung.

- Bei leichten Unruhen mit mehreren Beteiligten die Stimme kurz und unaufdringlich anheben, dann normal weitersprechen! Dies deutet einerseits unsere Bereitschaft zur Deeskalation an, andererseits werden aber die abgelenkten Zuschauer (hoffentlich) kurz aufmerksam, unterbrechen ihre Seitengespräche und bleiben dann zunächst leise, um die weiteren Ansagen verstehen zu können.

- Ein eigenes ungutes Empfinden auch als das eigene äußern!
  „Ich habe gerade Schwierigkeiten, mich zu konzentrieren." und nicht *„Ihr Verhalten* stört die Show!"

Auf diese Weise wird deutlich, dass Du (DU selbst!) ein aktuelles Anliegen an das Publikum hast. Die Anwesenden sind dann nicht damit beschäftigt, für sich zu klären, ob der Vorwurf berechtigt und wer hier die „Schuld" hat (kein Rechtfertigungsdruck). Statt dessen können sie uns konstruktiv unterstützen, die Performance ungestört und im Sinne der interessierten Anwesenden weiterzuführen.

10

Wer zuerst kommt, …

An dieser Stelle gehen wir davon aus, dass Du bereits einiges zum Nachdenken aus unseren Überlegungen ziehen konntest: Bezüglich Deiner selbst, Deines Bühnencharakters, Deiner Positionierung, Deines Stils, Deiner üblichen Vorbereitungen und auch in Bezug auf Deine bisherige Art und Weise, mit Störungen umzugehen.

Wir werden alle diese Themen etwas später noch einmal aufgreifen und vertiefen. Zunächst einmal möchten wir uns jedoch einige Gedanken zum Thema „Erstverhalten" machen – also über die Frage, wie die erste und unmittelbare Reaktion auf eine Störung angemessen gestaltet werden kann.

Das ist deshalb wichtig, weil jede Problemlösungsstrategie mit einem ersten Schritt beginnt – vollkommen unabhängig davon, ob Deine individuelle Art, mit Schwierigkeiten umzugehen, eher eine offensive oder eine defensive ist. Ist eine Störung da und Du bemerkst sie, muss etwas passieren – sei es „abwarten" oder in irgendeiner Art und Weise unmittelbar „reagieren".

Dein Erstverhalten muss nun nicht nur zu Deiner Persönlichkeit passen und irgendwie vordergründig „erfolgreich" sein, im Sinne eines „ruhig gestellten" Störenden. Darüber hinaus sollte es auch eine anhaltend positive Wirkung haben oder eine anhaltend wirksame Maßnahme zumindest vorbereiten … und nicht ausschließen.

Lass' uns also einen Moment über Grundregeln für ein 'gutes' und angemessenes Erstverhalten nachdenken. Ein Erstverhalten, das eine möglichst ebenso positive wie anhaltende, also dauerhafte Wirkung zeigt, so das spätere Interventionen idealerweise gar nicht mehr erforderlich sind.

- Erstverhalten sollte zunächst einmal angemessen sein; „angemessen" in dem Sinne, dass wir nicht mit Kanonen auf Spatzen schießen. Auf der anderen Seite ist jedoch bekanntermaßen Vorsorge besser als Nachsorge und ein Problem, das ich bereits im Ansatz löse, wächst sich nicht zu einem noch größeren aus. Irgendwo in dieser Schnittmenge zwischen zu viel und zu wenig liegt unser Mittel der Wahl. Ausführliche Überlegungen zu diesem Aspekt findest Du im nächsten Kapitel unter der klangvollen Überschrift „Und nachher weint wieder einer!".
- Eine Erstreaktion sollte stets konsequent sein. Das bedeutet, dass Du in der Lage sein musst, das, was Du öffentlich ankündigst, tatsächlich zu Ende zu bringen. Du solltest also niemals mit etwas „drohen", was Du ohnehin nicht durchsetzen kannst – denn das stellt Deine Glaubwürdigkeit generell infrage. Tu' also, was Du sagst – oder sage es nicht!
- Vermeide es in jedem Fall, Dir die Möglichkeit zu einem späteren konstruktiven und kooperativen Miteinander zu verbauen – mit dem Publikum im Allgemeinen ebenso wie mit der betreffenden Person im Speziellen. Wenn eine störende Person nicht gerade vom Ort des Geschehens entfernt werden soll oder kann (und das ist ja eher die Ausnahme), wirst Du diesem Menschen auch nach einer Erstreaktion ins Gesicht sehen müssen – und umgekehrt ebenso. Selbst wenn Du jemanden also mit einer unmittelbaren Maßnahme „ruhigstellen" kannst, bedenke, dass diese Maßnahme keinesfalls zur Provokation für den weiteren Verlauf der Performance werden sollte. Im Gegenteil – jede Erstreaktion sollte uns zugleich einen Weg zu unserem Hauptziel eröffnen: einem entspannten und harmonischen Auftritt mit allen Anwesenden.
- Eine Erstreaktion sollte uns im gleichen Schritt helfen, Zeit zu gewinnen, um die Situation abzuschätzen und gegebenenfalls angemessene Möglichkeiten der Konfliktlösung abzuwägen. Manchmal wird sehr schnell deutlich, ob eine störende Person schnell und unauffällig „befriedet" werden kann. Wenn das der Fall ist, „spielen wir kurz auf Zeit", um dann das Problem mit der angemessenen Maßnahme zum richtigen Zeitpunkt zu beseitigen. Und der richtige Zeitpunkt könnte zum Beispiel auch eine Pause sein.
- Dennoch verlangen ernsthafte Konflikte und Störungen natürlich mitunter ein unmittelbares, aktives und konsequentes Eingreifen. Und natürlich sollten wir auch darauf vorbereitet sein. Das bedeutet, dass Erstreaktionen ein möglicherweise erforderliches weiteres Vorgehen auch vorbereiten und nicht etwa deren Umsetzung erschweren oder gar verhindern sollten.

In jedem Fall gilt es, nach einer Erstreaktion zügig den Faden wieder aufzunehmen und die Aufmerksamkeit der Anwesenden erneut auf die Performance zu fokussieren. Das ist es, worum es geht.

Das Signal an das Publikum sollte in jedem Fall eindeutig sein: Euer Hauptinteresse ist nicht etwa das Auskämpfen (und Gewinnen) eines Konfliktes, sondern die Performance im Dienste dessen, wofür die Anwesenden eigentlich gekommen sind – und gegebenenfalls bezahlt haben.

11

„Und nachher weint wieder einer!"

„Alles Einfache ist falsch, alles Komplizierte unbrauchbar."

Paul Valéry (1937): Notre Destin et les lettres

Das Auftreten von Störungen ist etwas, das wir nie sicher ausschließen können. Wie wir an anderer Stelle deutlich gemacht haben, können wir jedoch präventiv Vorbereitungen treffen, die die Auftretenswahrscheinlichkeit dieser Störungen deutlich verringern. Neben solch planerischen und organisatorischen Vorbereitungen gehören auch die Persönlichkeit der Performanden, ihr generelles Auftreten sowie ihre situativen Reaktionen auf die entscheidenden Faktoren.

Als sehr einfache Regel gilt, dass Störungen weniger auftreten, wenn die Anwesenden uns mögen. Okay, dieses Statement ist natürlich sehr vereinfacht und plakativ – dennoch steckt in dieser Aussage eine Wahrheit, die wir nicht vergessen sollten: Wirken wir auf unser Publikum sympathisch, humorvoll und einnehmend, so werden sie uns folgen. Umgekehrt können wir ebenso davon ausgehen, dass unser Publikum umso unwilliger und gegebenenfalls renitenter sein wird, je mehr wir uns etwa als arrogante, provokante, ja vielleicht sogar verletzende Unsympathen präsentieren.

Das Problem mit dieser einfachen Regel ist nur einerseits, dass sich die Wahrnehmung des Publikums nicht immer mit unserer eigenen deckt; andererseits ist diese Einschätzung uns betreffend unter den Anwesenden leider auch nicht immer einheitlich. Weite Teile des Publikums schätzen und mögen uns vielleicht und nur einige wenige nicht – dennoch könnten sich unter eben jenen Wenigen, denen wir unsympathisch sind, genau die potenziellen Störenfriede befinden, die uns später das Leben schwer machen.

Daher werden wir um Reaktionen auf Störungen, wenn sie denn auftreten, auch nie ganz herumkommen. Und die Frage ist nun, wie bzw. mit welcher Intensität wir auf solche Vorkommnisse eingehen. Das oberste Ziel ist es wie gesagt stets, die Performance wie geplant und erfolgreich zum Abschluss zu bringen – ob eine Störsituation vorliegt oder nicht. Alles, was diesem Ziel zuwiderläuft, ist also prinzipiell ungünstig. Daher sind auch solche Reaktionen auf Störungen am geeignetsten, die die geringste Beeinträchtigung unserer Planung bewirken; und umgekehrt sind jene Reaktionen am schlechtesten (das allerletzte Mittel), die beispielsweise einen vollkommenen Abbruch der Show zur Folge hätten. Unsere Reaktionen auf Störungen werden sich also stets zwischen den folgenden Extremen bewegen:

Minimalreaktion: Nichts tun, Störung ignorieren!
Dabei würde man zunächst einmal auf die Möglichkeit setzen (hoffen), dass die Störung einmalig war und nicht wieder auftritt.

Maximalreaktion: Abbruch der Performance – wir gehen!
Natürlich ist dies hoffentlich eher ein theoretisches Maximum, denn unser Ziel ist es ja immer, unsere Show erfolgreich zum Abschluss zu bringen. Wenn jedoch der hypothetische Fall eintritt, dass die Performance ohne Risiko für die körperliche Unversehrtheit aller Anwesenden nicht fortgesetzt werden kann, dann bliebe als letzter Schritt wohl nichts anderes, als sie tatsächlich abzubrechen.

Vorausgesetzt also, dass eine wie auch immer geartete Reaktion wirksam ist, ist sie für uns umso geeigneter, je dezenter und unauffälliger sie ist (im Idealfall „Nichts tun!") und prinzipiell umso ungünstiger, je massiver sie ist (im Extremfall „Abbruch"). Die Verhältnismäßigkeit der Mittel sollte dabei gewahrt bleiben und in stets direktem Bezug zu unserem Hauptziel stehen: Unsere Performance möglichst wie geplant ablaufen zu lassen.

Alle bei Störungen eingesetzten Mittel sollten daher auf eben dieses Ziel ausgerichtet sein: Unser Programm in Flow zu halten. Darüber hinaus muss bei unseren Reaktionen auch stets deren Wirkung auf das anwesende Restpublikum bedacht werden. Das ist etwas, das in emotional aufgeladenen Situationen, in denen wir auf einen unmittelbaren Konfliktgegner fixiert sind, oft vergessen wird:

Eine Maßnahme, die zwar den/die Störenden ruhigstellt, uns selbst zugleich aber als unsympathischen Widerling präsentiert, geht ebenso am Hauptziel vorbei wie eine Maßnahme, die uns zwar in den Augen des Publikums als netten Kerl erscheinen lässt, jedoch keine produktive und regulierende Auswirkung auf das unangemessene Verhalten des Störers hat. Übertriebene Härte und eine unangemessene Rhetorik im Umgang mit Störenden kann also das Publikum durchaus gegen uns einnehmen und daher geradezu kontraproduktiv wirken.

Stelle Dir hier das Worst-Case-Szenario vor: Dein Publikum solidarisiert sich mit der störenden Person! Diese Situation möchtest Du in jedem Fall vermeiden! Im Gegenteil: Idealerweise solidarisieren sich alle anderen mit Dir, Dein Counterpart merkt es und stellt daraufhin das Störverhalten von alleine sein.

Unsere Systematik, die wir auf den nächsten Seiten vorstellen werden, ordnet nun mögliche Maßnahmen nach ihrer Intensität und Einflussstärke. Zugleich umfasst sie den Grad der Beeinträchtigung des geplanten Ablaufs der Performance, den solche Maßnahmen zwangsläufig beinhalten.

Natürlich beeinträchtigen Störungen generell unsere Performance – nur deshalb reagieren wir ja auf sie. Aber regulierende Maßnahmen, die zugleich unseren normalen Ablauf erschweren oder gar verhindern, tun dies auch. Daher sollten wir stets im Auge behalten, dass Reaktionen auf den unteren Stufen prinzipiell denen der höheren Stufen vorzuziehen sind. Dies bedeutet jedoch nicht, dass grundsätzlich bei jeder Störung alle Stufen beginnend bei der ersten sukzessive bis zum Abschluss durchgegangen werden müssen.

An welcher Stelle (auf welcher Stufe) wir einsteigen, hängt von unserer aktuellen situativen Bewertung einer konkreten Störung ab. Wir sollten natürlich weder versuchen, mit einem Taschenmesser einen Mammutbaum zu fällen, noch mit Kanonen auf Spatzen schießen.

Also, das konkrete Einstiegslevel in die nachfolgende Systematik hängt von unserer aktuellen Einschätzung der jeweiligen Situation ab; wobei im Zweifelsfall prinzipiell die unauffälligere von zwei konkreten Maßnahmen der auffälligeren vorzuziehen ist.

Im Kurzüberblick bewegt sich unser Maßnahmenkatalog auf 8 Stufne, deren Übergänge fließend sind und dessen Einstiegslevel situativ angemessen gewählt wird (Abb. 11.1).

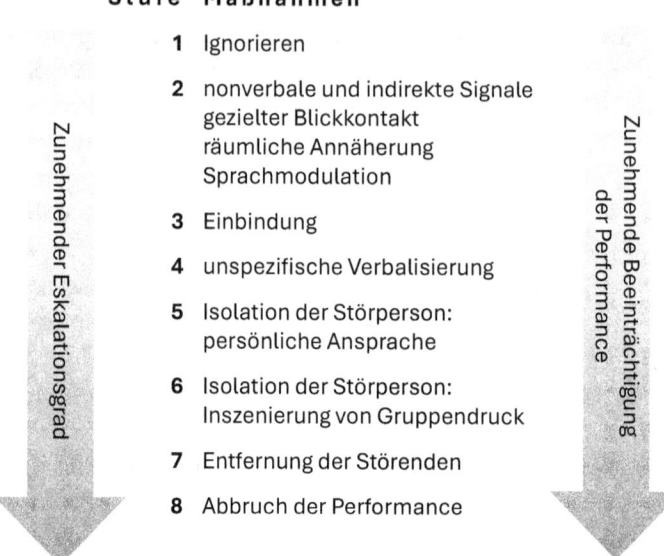

Abb. 11.1 8-Stufen-Modell im Umgang mit Störungen, eigene Darstellung

11.1 Stufe 1: Ignorieren

Die generell kleinstmögliche „Maßnahme" ist es natürlich, nichts zu tun und abzuwarten. An anderer Stelle haben wir bereits über mögliche Ursachen für Störungen diskutiert. Sie können aus äußeren Gegebenheiten resultieren, von uns selbst produziert sein oder aber tatsächlich in den Personen der Störenden liegen. Handelt es sich im letztgenannten Fall um etwas Unbeabsichtigtes und erkennbar nicht bewusst Provokatives, so müssen wir auch nicht reagieren. Sprechen wir allerdings von jemandem, der unsere Performance entweder bewusst oder aus Ignoranz beeinträchtigt, ist die Wahrscheinlichkeit eines nötigen Eingreifens schon deutlich höher.

Dennoch können wir gegebenenfalls kurz abwarten, ob es sich bei der betreffenden Störung um einen Einzelfall handelt, der nicht wieder auftritt – dann ignorieren wir ihn und das wars. Jede explizite Reaktion darauf würde dann erst ein größeres Problem aus einem kleineren machen.

Wenn wir hingegen den Eindruck gewinnen, die betreffende Störung sei nur der Anfang, dann erreichen wir durch ein Ausblenden und Blindstellen gar nichts. In diesem Fall würde ein Ignorieren Störende eher dazu bewegen, sich noch deutlicher bemerkbar zu machen. Hier sollten wir also frühzeitig aktiv eingreifen, bevor sich der Unruhekeim größer auswächst als nötig. Dazu kommen wir aber bei den späteren Stufen. Bleiben wir zunächst noch beim Ignorieren.

Entgegen einer verbreiteten Fehlannahme ist das Ignorieren in unserem Fall kein passiver, sondern ein aktiver Prozess, der gelassen und selbstbewusst, aber konzentriert vollzogen wird. Wärst Du dabei passiv, könntest Du Wiederholungen und Steigerungen übersehen.

Natürlich sollten wir ohnehin stets unsere innere Ruhe aufrechterhalten. Im Rahmen eines zunächst aktiv ignorierten Störfalls gilt es aber, besonders wachsam und sensibel alle gruppendynamischen Prozesse im Publikum (speziell im Umkreis der Störenden) im Auge zu behalten.

Wenn nämlich eine Störung zwar uns selbst nicht tangiert (wir also auf Stufe eins bleiben würden), durchaus aber Teile des Publikums beeinträchtigt, müssen wir auf die eine oder andere Art eingreifen und zumindest zu Stufe zwei übergehen.

11.2 Stufe 2: Non-verbale und indirekte Signale

Es lassen sich verschiedene Reaktionen zu einer Maßnahmengruppe auf der zweiten Stufe zusammenfassen, die alle eine Gemeinsamkeit haben: Das Problem wird zwar angegangen (also nicht ignoriert wie in Stufe eins), jedoch in einer Art und Weise, die so niedrig dosiert ist, dass sie im Laufe der Performance von unbeteiligten Anwesenden möglicherweise nicht einmal wahrgenommen wird. Damit sind also diese Unbeteiligten nicht in ihrem Erlebnis der Performance beeinträchtigt und werden auch nicht erst durch unsere Reaktion ungewollt auf die Störung aufmerksam gemacht.

Die ersten beiden Maßnahmen auf dieser Stufe sind Blickkontakt zur Störquelle (bei ansonsten gleichbleibendem Flow der Performance) und/oder die räumliche Annäherung an die störende Person.

Gezielter Blickkontakt

Blickkontakt mit einer Person aufzunehmen klingt nach wenig, beinhaltet aber sehr viel. Ein Blickkontakt kann, je nachdem, wie er im konkreten Fall mimisch und gestisch begleitet wird und wie lange er dauert, sehr viele Informationen transportieren.

Bezüglich der Mimik haben wir natürlich eine Bandbreite, die sich zwischen den Polen „freundlich und positiv zugewandt" bis hin zu „offen ablehnend, wütend und aggressiv" bewegt. Nun liegt es auf der Hand, dass wir im Moment einer Performance nicht in erster Linie einen Kampf ausfechten wollen. Wir sind vielmehr eher an einer Konfliktvermeidung interessiert, solange es möglich ist – so lange also unser Hauptziel (die ungestörte Performance) ohne eine Konflikteskalation erreichbar erscheint.

Der erste Blickkontakt mit einer mutmaßlichen Störperson sollte demzufolge nicht etwa provozierend oder herausfordernd wirken. Er sollte zunächst vielmehr möglichst neutral und souverän signalisieren, dass man diese Person und ihr Tun wahrgenommen hat. Nicht mehr, nicht weniger. In vielen Fällen mag das reichen; wenn nicht, werden wir es schnell merken.

Neben der begleitenden Mimik und Gestik ist dabei die Blickdauer von entscheidender Bedeutung. Ein kurzer Augenkontakt mit Anwesenden ist im Rahmen einer Performance vollkommen normal; ja er ist geradezu Pflicht, um dem Publikum das Gefühl angemessener Beachtung und des Respekts zu geben. Aber bereits eine kleine Verlängerung der Blickdauer verändert die Wahrnehmung der Betrachteten massiv!

Je nach Kontext kann längerer Augenkontakt beispielsweise „Komplizenschaft" und „Verbrüderung" ausdrücken; er kann aber auch ein Flirten bis hin zu einer eindeutig sexuellen Andeutung werden. In unserem Kontext einer Störung hingegen wird eine betroffene Person unseren Blick, wenn er auch nur etwas zu lange dauert, eher als Drohgebärde und/oder Herausforderung verstehen.

Eine solche Drohgebärde kann sinnvoll sein, wenn die Störung wirklich offensiv war; sie kann aber auch über das Ziel hinausgehen und aufgrund des Herausforderungscharakters ein noch größeres Problem provozieren, das ansonsten vielleicht vermeidbar gewesen wäre.

Daher sollten wir den ersten Blickkontakt gerade lange genug wählen, damit der jeweiligen Person unsere Aufmerksamkeit auf ihr Tun klar wird, jedoch nicht so lange, dass sie sich auch noch zusätzlich provoziert fühlt. Unsere Körpersprache sollte dabei nicht herausfordernd und aggressiv, aber auch nicht verängstigt und devot wirken. Ruhige, gelassene Souveränität ist das Mittel der Wahl.

Räumliche Annäherung

Wenn es Dir die örtlichen Gegebenheiten und die jeweilige Performance ermöglichen, ist es ein gutes und für das Restpublikum sehr unauffälliges Mittel, sich während einer Ansage, einer Erläuterung oder Erklärung in Richtung der Störperson zu bewegen und in ihrer unmittelbaren Nähe stehen zu bleiben. Hierbei wird nicht direkt auf diese Person eingegangen, sie wird auch nicht angesehen oder gar angesprochen, sondern schlicht unsere eigene Position in ihre räumliche Nähe verlagert.

Diese Positionsveränderung mag dem Restpublikum zufällig erscheinen – für die Zielperson selbst ist die Situation aber in zweifacher Hinsicht anders: Einerseits kann sie sich absolut nicht sicher sein, ob unsere Annäherung tatsächlich zufällig ist; andererseits ist sie nun nicht mehr ‚sicher' in der Menge verborgen!

Es gibt Störende, die sich uns bewusst zeigen und präsentieren wollen, aber sehr häufig auch solche, die ihre Störaktionen nur dann vollziehen, wenn sie sich in der Menge der anderen Zuschauer unsichtbar machen können. In dem Moment, in dem wir unsere Performance unmittelbar neben oder hinter einem solchen Menschen fortsetzen, gerät er automatisch in den Blick des Restpublikums. Bereits das kann ihn dahingehend disziplinieren, ein unangemessenes Tun zu unterlassen.

Sollte dieser Mensch hingegen zur Kategorie der exhibitionistischen Störenden gehören, merken wir das sofort und können unmittelbar mit einer anderen Maßnahme reagieren (ab Stufe drei).

Sprachmodulation
Eine weitere indirekte Möglichkeit, den Fokus des Publikums und der Störperson auf uns zu lenken, besteht in einer spürbaren (besser: hörbaren) Veränderung des Sprechrhythmus und/oder der Sprechlautstärke.

Den Rhythmus können wir leicht durch kurze Sprechpausen verändern; und eine so eintretende plötzliche Stille wird auch sofort als ungewöhnlich wahrgenommen. Ebenso wie die betreffende Person durch unsere räumliche Annäherung plötzlich (ungewollt?) in den allgemeinen Fokus gerät, ist dies auch bei allgemeiner Ruhe der Fall, wenn sie sich weiter bemerkbar macht.

Und so, wie Störer häufig versuchen, sich in der Gruppe physisch „unsichtbar" zu machen, haben sie auch oft die Tendenz, sich in einer allgemeinen Geräuschkulisse zu verstecken. In dem Moment, wo sie jedoch in einer allgemeinen Ruhe klar erkennbar „geoutet" würden, neigen sie dann mehrheitlich zum Rückzug und dazu, ihrerseits zu schweigen, um nicht aufzufallen.

Eine Modulation Deiner Lautstärke kann sowohl in einem kurzzeitigen Anziehen (Erhöhen) für einige Worte bestehen, als auch in einem deutlich wahrnehmbaren Verringern – also leiser werden.

Letzteres hat in der Regel eine vergleichbare Wirkung wie die kurzzeitige Sprechpause. Dies funktioniert jedoch einerseits nur bei einem souveränen und überzeugenden Performer, andererseits darf die nun erforderliche Konzentration der Zuschauer auch nicht überstrapaziert werden – sonst verlieren wir auch deren Wohlwollen.

Eine Erhöhung der Sprechlautstärke funktioniert durchaus, wenn sie nur selten (!) eingesetzt wird. Sie verliert jedoch an Wirkung, wenn sie zur Regel verkommt. Die Fokussierung des Publikums auf uns ist immer eine Folge des Unterschieds zum Gewohnten und Erwarteten. Heben wir jeden zweiten Satz die Stimme, wird genau dies zum Standard und wir erregen keine besondere Aufmerksamkeit mehr damit.

Überdies sollten wir im Kopf haben, dass eine Erhöhung der Sprechlautstärke auch schnell als aggressive Handlung aufgefasst werden kann, die ihrerseits provokativ wirkt. Dieses Mittel ist also mit Bedacht und sehr dosiert einzusetzen.

11.3 Stufe 3: Einbindung

Hierzu bieten wir im Kapitel „So kann's gehen" einige konkrete Beispiele. Im Wesentlichen geht es darum, den Aktivitätsdrang einer potenziellen Störperson konstruktiv zu kanalisieren, indem wir sie (sinnvoll) beschäftigen. Wir übertragen ihr also eine gefühlte Verantwortung und schenken ihr damit Beachtung, ohne die von ihr ausgehende Störung als solche zu thematisieren. Ein offener Konflikt wird hiermit zunächst vermieden.

Störende aus der Kategorie „unsichtbar" (also jene, der sich gerne in der Masse verstecken) werden auf diese Art und Weise ruhiggestellt, da wir sie aus ihrem Versteck komplimentieren und vorwurfsfrei der öffentlichen Wahrnehmung aussetzen.

Exhibitionistische Störende hingegen (also jene, die gesehen werden möchten) erhalten eine gefühlte Wichtigkeit und werden damit zu Kooperationspartnern, die Mitverantwortung für den gemeinsamen (!) Erfolg tragen. Damit sind sie zugleich mitverantwortlich für den reibungslosen Ablauf des weiteren Geschehens, was häufig genug bewirkt, dass sie uns nun aktiv bei der gegebenenfalls erforderlichen „Disziplinierung" anderer unterstützen. Abhängig von der Art und Weise der Einbindung werden die Betreffenden am Ende natürlich auch einen Teil der Lorbeeren für den Erfolg der jeweiligen Performance ernten.

Wichtig hierbei ist es, das Einbeziehen der Störenden scheinbar unabhängig von ihrer konkreten Störung zu spielen! Nehmen sie unsere Bitte um Mitwirkung als Reaktion auf ihr Tun wahr, steigt die Wahrscheinlichkeit, dass sie nicht mitspielen und sich eher provoziert fühlen.

Ebenso ist es ungünstig für die „allgemeine Moral" der anderen Anwesenden, wenn sie eine scheinbare Bevorzugung von Störpersonen wahrnehmen. Es gilt also, die Karte der Einbindung zu einem Zeitpunkt zu ziehen, zu dem sie glaubhaft unabhängig von der Störung gespielt werden kann.

Neben jenen exemplarischen Möglichkeiten zur Einbindung eines Störers, die wir im „So kann's gehen" anführen, gibt es natürlich viele weitere. Es ist nicht viel Kreativität von Nöten, um Aufgaben für „Mismatcher" zu finden, die zu unserer geplanten Performance und zum jeweiligen Programm passen.

Die Zusammenstellung einer Liste solcher Einbindungsmöglichkeiten für potenzielle Störende ist etwas, das sich bereits in aller Ruhe zu Hause während der Planung und Vorbereitung eines Programms erledigen lässt. Prävention und Antizipation sind hier die Stichworte.

Erfahrungsgemäß ist die Einbindung auch eine Methode, die bei Angetrunkenen recht gut funktioniert – natürlich immer abhängig vom Grad der Alkoholisierung. Unter Alkoholeinfluss sind die Betroffenen nicht nur enthemmt und haben eine verkürzte Aufmerksamkeitsspanne, sie zeigen darüber hinaus auch vergleichsweise starke emotionale Schwankungen. Das heißt, dass aus einer Ablehnung, die uns zunächst entgegengebracht wurde, auch schnell eine ausgeprägte Verbrüderung werden kann, wenn wir die Chance dazu eröffnen. Allerdings ist hier etwas Erfahrung von Nöten. Denn wir müssen in der Lage sein, festzustellen, ob Betroffene den Pegel bereits überschritten haben, ab dem jeglicher konstruktive Ansatz aufgrund seines übermäßigen Alkoholisierungsgrades zum Scheitern verurteilt wäre. Wäre dies der Fall, können wir die folgenden Stufen vier und fünf zumeist sowieso überspringen.

11.4 Stufe 4: Unspezifische Ansprache

Hier sind wir an einem Punkt angekommen, an dem die Störung (wenn auch noch nicht die störende Person) explizit zum Thema gemacht werden muss. Dies ist in aller Regel spätestens dann der Fall, wenn Teile des Restpublikums erkennbar auf die Störung aufmerksam geworden sind und ihrerseits darauf reagieren. Ist dies der Fall, dürfen wir auch nicht mehr so tun, als wäre alles, wie es sein soll.

Jedoch sprechen wir noch nicht die betreffenden Personen direkt an, sondern beschränken uns zunächst darauf, die Störung als solche in angemessener Deutlichkeit zu thematisieren. Neben unserer eigenen Befindlichkeit (Ich-Botschaft) formulieren wir damit zugleich die Erfordernisse für den reibungslosen Ablauf des Geschehens.

Sprächen wir die störende Person direkt an, gäbe es nur noch schwer ein Zurück zu einem konstruktiven Miteinander im Sinne der Performance. Bei einer Ansprache, in der wir einzelne Anwesende in Verbindung mit der Störung dem Publikum präsentieren, wird es für Betroffene sehr schwer zurückzustecken, ohne das Gesicht zu verlieren. Sie müssen dann geradezu gegenhalten, um nicht als das geoutet zu werden, was sie sind: destruktive Mismatcher. Sie müssen gegenhalten, um eine Störaktion als irgendwie „begründet" zu rechtfertigen.

Selbst wenn wir einen verbalen Schlagabtausch gewinnen würden, wäre durch die damit einhergehende Kontroverse die Performance nachhaltiger gestört, als sie es möglicherweise sein müsste. Dieser Punkt der unmittelbaren und persönlichen Auseinandersetzung kommt eventuell dennoch; aber wenn es möglich ist, unsere Planung auch ohne dies in unserem Sinne und im Sinne des Restpublikums zu realisieren, sollten wir es möglichst (noch) tun.

Also verbalisieren wir die Störung, nehmen dabei aber weder sprachlich noch durch Blickkontakt unmittelbaren Bezug zu unserer Störperson auf. Dennoch demonstrieren wir, dass uns etwas stört und sensibilisieren auch das Restpublikum darauf. Letzteres bedeutet, dass wir uns damit Komplizen schaffen. Denn die bislang neutralen oder unbeteiligten Zuschauer werden nun in jedem Fall zu Gestörten. Unspezifische Verbalisierungen eines Problems, die sich nicht direkt an eine Person richten, haben ein relativ großes und vielfältiges Spektrum. Es reicht von einem recht subtilen:

„Für den nächsten Teil benötige ich besondere[oder mehr; oder vollkommene] Ruhe!"

Bis hin zu einem vergleichsweise deutlichen, aber allgemeinen:

„Es ist sehr [zu] laut, um die folgende Demonstration angemessen zu präsentieren!"

Wir sprechen also zunächst einmal nicht davon, wer hier zu laut ist und geben auch nicht durch intensiven Blickkontakt darüber Aufschluss. Vielmehr thematisieren wir den Umstand als solchen und fordern mehr oder weniger deutlich allgemeine Ruhe und Aufmerksamkeit ein. Schlagfertige, ironische oder auch (nur) lustige Bemerkungen in dieser Richtung sind zwar generell gut, allerdings muss dabei sehr auf das passende Maß geachtet werden. Denn der entsprechende Spruch darf weder provokant wirken noch die ggfs. gewünschte Ruhe ins Gegenteil verkehren. Wird durch einen besonders lustigen Spruch das Publikum nämlich zu ausgelassenem Lachen animiert, ist es mit unserem eigentlichen Ziel möglicherweise auch nicht mehr weit her und die Störperson kann sich in der resultierenden allgemeinen Unruhe wieder gut verstecken.

Zwischenfazit
Bis zu diesem Punkt – bis einschließlich unserer Stufe vier – haben wir die unmittelbare Konfrontation mit störenden Anwesenden noch vermieden. Wir bemühen uns vielmehr, das Problem mit den kleinsten und generell unauffälligsten Mitteln zu lösen.

- Auf den Stufen eins bis drei wird das Problem als solches noch nicht einmal angesprochen. Das eröffnet die Chance, im Erfolgsfall die Störung zu beseitigen, bevor sie massiver wird und andere Anwesende überhaupt etwas davon mitbekommen und dadurch in ihrer Teilnahme beeinträchtigt sind.
- Erst auf Stufe vier wird das Problem überhaupt als solches erwähnt, allerdings noch recht dezent und allgemein. Die Störperson wird also noch nicht als solche geoutet und hat daher noch die Chance, ihr Verhalten einzustellen, ohne das Gesicht zu verlieren. In dem Moment jedoch, in dem wir sie gleich unmittelbar auf ihr Verhalten ansprechen werden, wird die Situation einen vollkommen anderen Charakter bekommen – und sie wird sich möglicherweise aufschaukeln.

Wer den Schritt in die direkte Konfrontation der höheren Stufen geht, muss zugleich mit einer entsprechenden Abwehrreaktion der Zielpersonen rechnen. Und wer eine Drohung ausspricht oder auch nur andeutet, muss auch bereit und in der Lage sein (!), diese durchzusetzen – sonst macht man sich lächerlich und unglaubwürdig.

11.5 Stufe 5: Persönliche Ansprache

Die direkte und persönliche Ansprache von Anwesenden auf ein störendes Verhalten bewirkt zwangsläufig, dass der oder die Betreffende exponiert wird. Die Person wird damit vom Restpublikum abgehoben und diesem als „Sonderfall" präsentiert. Die Person ist also spätestens ab diesem Moment kein normaler, konformer Zuschauer mehr.

Wichtig für uns ist es, im Kopf zu behalten, dass es ab diesem Zeitpunkt (auch für die Betreffenden) kein Zurück mehr gibt! Auch wenn wir das Problem mit ihnen konstruktiv lösen können, wird der mit seiner persönlichen Ansprache einhergehende Rollenwechsel nicht mehr rückgängig zu machen sein. Das ist nicht zwingend ein Problem, in jedem Fall aber ein Fakt, den wir bedenken sollten.

Die Exposition der Betreffenden durch ein Ansprechen kann bereits bewirken, dass die Störenden den Kopf einziehen. Wenn es sich im aktuellen Fall jedoch um „exhibitionistische" Störer handelt, kann gerade dieses Präsentieren das sein, worum es ihnen geht. In diesem Fall werden sich die Betreffenden in der nun (endlich) errungenen allgemeinen Aufmerksamkeit sonnen. Unsere Ansprache wird sich dann zu einem wie auch immer gearteten Dialog entwickeln, in dem die Störenden ihren neu gewonnenen Status genießen. Von diesem Punkt an gibt es zwei Alternativen, wie sich die Situation entwickeln kann: Die Betreffenden sind mit der kurzzeitigen Aufmerksamkeit, die man ihnen widmet, zufrieden und geben anschließend Ruhe mit dem Gefühl „gewonnen zu haben"; oder sie wollen mehr! In diesem zweiten Fall haben sie jetzt gelernt, welchen Knopf sie drücken müssen, damit man auf ihn reagiert.

In jedem Fall sollte die persönliche Ansprache von Störpersonen individuell in einer Art und Weise erfolgen, die ihrem Verhalten (und unseren Prognosen zu ihrem Typ) angemessen ist. Wir können unsere Wortwahl zum Beispiel so gestalten, dass wir einer Person vergleichsweise dezent und kurzzeitig eine Bühne bieten, um sich zu äußern, zugleich aber freundlich und deeskalierend wirken. Wir können jedoch auch in einer Art und Weise offensiv reagieren, die uns zwar möglicherweise Lacher im Restpublikum liefert, die Zielperson jedoch vor allen anderen lächerlich macht und somit zu einem (seinem) Gesichtsverlust führt. Damit wäre diese Person eindeutig provoziert und könnte auch nicht mehr zurück; sie müsste mit uns den „Kampf" suchen.

Bei aller Souveränität, die wir ausstrahlen sollten (wir sind die Chefs im Ring!) und bei aller Schlagfertigkeit und rhetorischen Finesse sollten wir daher stets darauf bedacht sein, die Betreffenden zwar deutlich und gezielt anzusprechen, sie jedoch nicht bloßzustellen. Das würde nicht nur Störende weiter provozieren, sondern möglicherweise sogar bis dahin wohlmeinende Unbeteiligte gegen uns einnehmen.

Denn einem Unsympathen, als der wir uns erweisen könnten, gönnt das Publikum womöglich eine Niederlage in diesem Konflikt sogar – womit wir das entscheidende Werkzeug der nächsten Stufe aus der Hand geben würden: Die Zuschauer als unsere Verbündeten. Und wenn wir etwas sicher nicht wollen, dann ist es, dass sich das Publikum mit Störenden solidarisiert – im Gegenteil. Formulieren wir also unsere Ansprache zwar deutlich und persönlich, aber dennoch höflich, offen und freundlich – gentleman-like eben.

Sollten wir unsere Ansprache an Störpersonen als Frage formulieren wie „Gibt es etwas, das Sie mit uns [mit mir] diskutieren möchten?" signalisieren wir (ungewollt?) eine Diskussionsbereitschaft, die wir möglicherweise gar nicht haben. Für Comedians mögen an dieser Stelle eigene Regeln gelten. Sie können sich, entsprechende Flexibilität und Schlagfertigkeit vorausgesetzt, diese Situation sogar zu Nutze machen.

Für die meisten anderen Performenden, deren Ziel primär eine wie auch immer geartete Präsentation ist (Vortragende, Moderatorinnen und Moderatoren oder als Seminarleitung) gelten meist andere Regeln. Das Maximum an Zuwendung wäre an dieser Stelle beispielsweise die freundliche und nicht (!) ironisch formulierte Frage, ob irgendetwas nicht in Ordnung sei und ob wir bei irgendetwas behilflich sein können.

Eine solche oder ähnliche, im richtigen Ton formulierte Frage enthält zugleich ein Angebot und eine Chance für die Angesprochenen. Und zwar nicht nur das Angebot, auf sie einzugehen, sondern zugleich die Chance für sie, wieder friedlich und konstruktiv aus dieser Situation herauszukommen.

Natürlich kann es sein, dass wir letztlich doch noch deutlicher werden müssen („Sie stören!", „Sie stören mich!", „Sie stören die Show!", „Sie stören das Publikum!"); dann aber ist eindeutig ein Machtkampf zwischen uns und den Störenden ausgebrochen, der vor den Augen aller Anwesenden ausgetragen wird. Und keiner der Beteiligten (weder Du noch er) hat jetzt noch die Chance, ohne Gesichtsverlust einzulenken. Und das heißt, dass wir jetzt die Anwesenden zu unseren Verbündeten machen müssen und sie auch als solche präsentieren. Mit dem Satz „Sie stören das Publikum!" haben wir bereits den ersten Schritt in diese Richtung getan.

11.6 Stufe 6: Inszenierung von Gruppendruck

An dieser Stelle ist es offensichtlich geworden, dass Störende einerseits mit uns und dem, was wir tun – mit unserer Performance – ein Problem haben, dass sie aber andererseits auch ein Interesse an Öffentlichkeit treibt. Denn wären sie (nur) mit uns bzw. unserem Tun unzufrieden, könnten sie ja einfach gehen. Wir setzen jetzt aber den Fall voraus, dass die Betreffenden eben dies **nicht** tun, sondern lieber unser Programm stören und sich zugleich selbst inszenieren. Das sagt uns zugleich, dass es ihnen wichtig ist, öffentlich wahrgenommen zu werden.

An einer (lautstarken) störenden Selbstdarstellung an sich können wir im ersten Moment natürlich nichts ändern. Allerdings können wir die Art und Weise beeinflussen, in der dies von den Anwesenden wahrgenommen wird und wie das Restpublikum darauf reagiert.

Nicht selten haben Störende den Eindruck, sie würde nur aussprechen, was alle anderen auch denken. Sie gehen dann also davon aus, von einem Umfeld getragen und unterstützt zu werden – sie rechnen mit der Solidarität der Masse und schöpfen daraus den Mut zu störenden Aktivitäten. Schaffen wir es, einen solchen (hoffentlich falschen) Eindruck allgemeiner Solidarität ins Gegenteil zu verkehren, so entziehen wir dem Mut zur Störung die Grundlage.

Hierin stecken mehrere Aspekte, die in unsere Reaktion einfließen müssen. Da ist einerseits die Frage, ob die betreffende Person nicht womöglich tatsächlich von der Gruppe oder zumindest einer Teilgruppe getragen wird, die sich mit ihr (lautstark) solidarisiert.

Wenn das so ist, haben wir natürlich ein größeres Problem – und eines, bei dem die Ursache sicher vorher zu suchen ist. Im akuten Fall können wir dann nur versuchen, die „schweigende Mehrheit" der Anwesenden erkennbar zu mobilisieren und zu hoffen, dass sich daraus ein hilfreicher Dämpfer ergibt.

Allerdings genügt Störenden erfahrungsgemäß – und das ganz speziell bei Gruppen Angetrunkener – oftmals bereits der Support nur weniger unterstützender Beistehender. Wenn sich die Störperson vor ihren Peers profilieren möchte, genügt das, um eine Fortsetzung des Störverhaltens zu garantieren. In diesem Fall hilft in aller Regel nur der unmittelbare Übergang zu Stufe sieben.

Sollte die betreffende Person jedoch alleine anwesend sein oder sollten sich eventuell vorhandene Begleitpersonen nicht offen zu einer Unterstützung bekennen, dann haben wir eine gute Chance, den Druck des Restpublikums gegen den Betreffenden einzusetzen. Die Chance einer harmonischen und konfliktfreien Lösung ist an diesem Punkt ohnehin vertan. Jetzt gilt es also nur noch, möglichst zügig dafür zu sorgen, dass sich das Publikum erkennbar mit uns solidarisiert, damit die Störperson sofort erkennt, dass sie nicht etwa für andere spricht oder die Meinung der Mehrheit vertritt.

Günstig ist es an dieser Stelle, gemeinsame Ziele deutlich zu machen. Was das konkret ist, hängt natürlich vom jeweiligen Programm ab – aber Pöbeleien durch einen einzelnen Anwesenden sind es in aller Regel wohl nicht. Wir thematisieren also mit einer einbeziehenden Geste über das Publikum, wofür die Zuschauer gegebenenfalls Eintritt bezahlt haben bzw. weshalb sie an diesem Anlass dabei sein.

Zugleich weisen wir mit Blick und Geste auf das Publikum darauf hin, dass das Verhalten der Störperson die anderen Anwesenden daran hindert, das zu bekommen, was ihr eigentliches Begehr ist.

Einerseits schließen wir damit informell Störende aus der Gruppe aus und sie können sich nicht mehr als Teil eines Ganzen fühlen; sie stehen damit einer ablehnenden Menge gegenüber, auf deren Unterstützung sie sich nicht verlassen kann (eher im Gegenteil). Andererseits berauben wir sie der Hoffnung auf wohlmeinende Zuschauer ihrer Selbstdarstellung. Darüber hinaus werden an diesem Punkt, speziell wenn wir den Aspekt eines Publikums erwähnen können, das bezahlt hat, um uns zu sehen, üblicherweise mehr oder weniger deutlich gemurmelte Zustimmungen zu vernehmen sein.

Haben Störende also auf einen allgemeinen Applaus zu ihrem Störverhalten gehofft, so schlägt dies nun in erkennbare Ablehnung um. Dies kann genügen, damit Betreffende aufgeben und Ruhe halten – oder selbstständig den Saal verlassen.

Tut sie hingegen weder das eine noch das andere und setzen stattdessen ihr Störverhalten in einem Maße fort, das unsere weitere Show massiv beeinträchtigt oder gar verhindert, so bleibt uns nichts weiter übrig, als zu Stufe sieben überzugehen.

11.7 Stufe 7: Entfernung der Störenden

Schlimmer gehts immer – zumindest als denkbares Szenario: Wenn alle anderen konstruktiven Mittel ausgeschöpft sind und durch fortgesetzte Störungen die Performance als solche in einer für das Publikum akzeptablen Form nicht mehr fortsetzbar erscheint, muss die Störperson gehen. Unsere primäre Aufmerksamkeit und Fürsorge darf sich nicht in erster Linie an dieser Person orientieren, sondern an den Bedürfnissen der gesamten (zahlenden) Zuhörerschaft. Sind nun diese Bedürfnisse durch Störende unserer Einschätzung nach nachhaltig und nicht konstruktiv lösbar infrage gestellt, ist ein Saalverweis das (vor-)letzte Mittel.

Diesen Verweis können wir zunächst androhen, allerdings sollten wir uns bei jeder Drohung, die wir aussprechen, vergegenwärtigen, dass wir auch in der Lage sein müssen, sie umzusetzen. Anderenfalls machen wir uns lächerlich. Wir sollten also nie mit etwas drohen, dessen Umsetzung wir nicht gewährleisten können.

Wenn die Situation, in der ein Saalverweis im Raume steht, erst einmal eingetreten ist, dann können wir davon ausgehen, dass dessen Androhung in den meisten Fällen auch eher eine Formalie ist. Eine Formalie insofern, als dass sich eine massiv störende Person auf dieser Stufe mit großer Wahrscheinlichkeit von dieser Drohung wenig beeindrucken lässt. Dennoch sollten wir unsere entsprechenden Worte mit Bedacht wählen: sowohl die Worte der Androhung (wir versuchen stets, zusätzliche Provokationen daraus fernzuhalten) als auch die Worte unseres gegebenenfalls nötigen Saalverweises.

In beiden Fällen formulieren wir unsere Statements so, dass der betreffenden Person ein Abgang ohne einen noch größeren Gesichtsverlust möglich ist, als sie ihn ohnehin schon riskiert hat. Sprechen wir den Verweis also ohne Häme, sondern sachlich, höflich, aber bestimmt aus.

Dies wirft zugleich die Frage auf, wie denn ein Saalverweis wirklich praktisch umzusetzen ist. Denn eine Aufforderung an Betreffende, die Örtlichkeiten zu verlassen, ist schnell gemacht. Und wenn wir uns zuvor der Solidarität des Restpublikums versichert haben, stärkt uns dieses dabei möglicherweise auch verbal den Rücken.

- Aber was, wenn die Störperson unserer Aufforderung nicht Folge leistet?
- Haben wir eigentlich das Hausrecht?
- Stehen die Veranstaltenden hinter uns und tragen unsere Entscheidung mit?

Während die Entscheidung zum „Supergau" von Stufe acht – dem Abbruch der Veranstaltung – natürlich in unserem eigenen Ermessen liegt, ist dies bei einem Saalverweis eines Anwesenden etwas anders. Denn uns selbst mag diese Reaktion, den aktuellen Umständen nach, zwar durchaus angemessen und vielleicht sogar unabdingbar erscheinen. Veranstaltende mit Hausrecht, die womöglich eine persönliche Beziehung zur Zielperson haben, sehen das aber möglicherweise anders. Und für uns selbst gäbe es wenig Schlimmeres, als dass wir einen Konflikt mit einer störenden Person ausfechten, bis wir sie des Saales verweisen, uns dann aber die Veranstaltungsleitung widerspricht und wir dumm dastehen.

Praktisch heißt das, dass wir uns im Vorfeld einer Performance einerseits über das mutmaßliche „Störpotenzial" dieses speziellen Publikums klar sein sollten und andererseits, wenn wir dieses Potenzial als hoch einschätzen, mit der Veranstaltungsleitung über den Ordnungsrahmen und dessen Einhaltung eine Vereinbarung treffen.

Neben der erklärten Rückenstärkung unserer Veranstaltungsleitung gehört dazu auch abzuklären, wer gegebenenfalls das Hausrecht konkret und praktisch durchsetzt und wie dies im Ernstfall geschieht. Denn wir selbst sollten es verständlicherweise sicher nicht sein, der Hand an eine renitente Störperson legen. Es ist die Aufgabe der Veranstaltungsleitung, entsprechende Ordnungskräfte bereitzustellen – und diese müssen für uns auch tatsächlich akut greifbar sein und nicht nur theoretisch und prinzipiell.

Sollte im konkreten Bedarfsfall keine Ordnungskraft verfügbar sein, ist es immer noch besser, eine fünfminütige Pause zur Klärung der Problematik herbeizuführen, als die Situation verbal oder womöglich sogar handgreiflich in der Öffentlichkeit eskalieren zu lassen.

Haben wir nach wie vor erkennbar die Solidarität des Publikums, so können wir möglicherweise auch in dieser Richtung – im Sinne des gemeinsamen Zieles einer ungestörten Performance – um Unterstützung bitten.

Stellen wir hingegen fest, dass sich das Publikum eher mit der störenden Person solidarisiert als mit uns, haben wir ohnehin ein generelles Problem und sollten Stufe acht in Betracht ziehen.

11.8 Stufe 8: Abbruch der Performance

Natürlich soll es dazu nie kommen – und wir werden stets versuchen, die jeweilige Veranstaltung in unserem und im Sinne der (zahlenden) Anwesenden zu einem erfolgreichen Ende zu führen. Dennoch wollen wir diesen letzten (hoffentlich theoretischen) Schritt hier nicht aussparen.

Sollte durch aggressive Störpersonen Gefahr für die körperliche Unversehrtheit der Anwesenden bestehen – Gefahr für uns ebenso wie für Unbeteiligte – so bleibt uns nichts anderes als die Notbremse zu ziehen. Gleiches gilt auch für den Fall, dass zwar keine physische Gefahr besteht, die Veranstaltung jedoch auf Grund massiver Störungen schlicht nicht durchgeführt werden kann oder nicht das Publikum erreicht.

In solchen Fällen ist ein Abbruch nicht nur statthaft – er ist an dieser Stelle sogar zwingend erforderlich. Je nachdem, ob wir die Veranstaltungsleitung für diesen Abbruch mitverantwortlich machen oder nicht, können wir einen (dann hoffentlich ungestörten) Ersatztermin anbieten. Zu welchen Konditionen wir dies tun, hängt vom Einzelfall ab.

In jedem Fall ist ein souveräner Abbruch besser, als sich durch fortgesetzte fruchtlose Versuche auf der Bühne lächerlich zu machen. Wir selbst und unsere Dienstleistung haben einen Wert. Und zu unserem eigenen Wert, den wir demonstrieren sollten, gehört eben auch die Einhaltung gewisser Rahmenstandards. Ist das Minimum des erforderlichen Rahmens nicht (mehr) gewährleistet, muss es uns auch der eigene Stolz verbieten, den Hampelmann zu spielen.

Nun kann man an dieser Stelle trefflich darüber diskutieren, ob denn ein solcher Abbruch nicht letztlich ein Eingeständnis von Schwäche sei und ob man Störenden damit nicht zugleich nach- und Recht gäbe. Und in gewisser Weise ist das durchaus richtig.

Allerdings müssen wir dabei zwei Aspekte im Kopf behalten: Einerseits reden wir hier wie gesagt vom allerletzten Schritt, den wir keinesfalls vollziehen, solange es noch erfolgversprechende Alternativen gibt. Andererseits ist ein solcher Abbruch (neben der Funktion der reinen Beendigung der Veranstaltung) auch ein Signal! Es ist ein Signal dafür, dass *wir* hier eine Entscheidung treffen – dass *wir* letztlich die Zügel in der Hand halten. Es ist nicht die Störperson, die diese Entscheidung trifft – es sind wir! Wir dokumentieren damit unsere Autorität. Jedenfalls tun wir das dann, wenn wir nicht mit Tränen in den Augen von der Bühne rennen, sondern bis zum letzten Wort unserer Absage ruhig, sicher und souverän die Situation managen.

Haben wir diese letzten Worte gesprochen und sind von der Bühne getreten, muss klar sein, dass es (unter den gegebenen Bedingungen) keinen Weg zurück mehr gibt, ohne dass wir uns inkonsequent und schwach zeigen.

Sollten Störende zwischenzeitlich den Saal verlassen, sieht die Sache anders aus. Solange sich aber die Rahmenbedingungen, die uns zum Abbruch bewegt haben, nicht deutlich und substanziell ändern, müssen wir auch konsequent an unserer Entscheidung festhalten.

Das richte Maß

Es hilft, stets ruhig, souverän und humorvoll zu agieren, ohne jedoch mit allzu schlagfertigen Antworten Störende zusätzlich zu provozieren. Gerade in solch schwierigen Situationen zeigen sich der Charakter und die Stärke routinierter Performender. Ruhiges und besonnenes Reagieren bedeutet auch, stets mit den kleinstmöglichen Mitteln die größtmögliche Wirkung zu erzielen.

Auf unser hier dargestelltes 8-Stufen-Modell bezogen bedeutet dies, stets so niedrig einzusteigen wie möglich und nur so weit nach oben zu gehen wie unbedingt nötig.

Bedenke dabei auch, dass das, was als Störung empfunden wird, sehr individuell ist. Was einen routinierten Menschen überhaupt nicht aus der Bahn wirft und von diesem mit nonchalanter Souveränität gemeistert wird, stellt womöglich für eine Unerfahrene im gegebenen Kontext einen massiven Stressfaktor dar. Und wer als wenig routinierte Person zu schnell auf zu hohe Stufen eskaliert, läuft auch Gefahr, ebenso schnell die Sympathien des Publikums zu verspielen und durch eine überzogene Reaktion auf die Nase zu fallen.

Bei aller Hilfestellung, die wir hier geben: Das ideale Maß zu finden ist etwas, das sich nur aus der Praxis und der eigenen Erfahrung ergibt. Hab' die Optionen im Kopf, bleibe entspannt und souverän … und spiele Dein Programm so oft und vor so verschiedenen (!) Leuten wie möglich. Dann wird sich mit der Zeit und der zunehmenden Routine auch das rechte Maß einstellen.

12

Und abhaken: Checklisten

An dieser Stelle möchten wir Dir drei „Checklisten" vorstellen. Diese können Dir sowohl bei der Vorbereitung einer Performance hilfreich sein, aber auch bezüglich der aktuellen Durchführung sowie im Hinblick auf eine Auswertung im Nachhinein:

- Die gründliche Vorbereitung (Antizipation) kann natürlich dafür sorgen, dass potenzielle Probleme gar nicht erst auftreten.
- Eine angemessene Durchführung und Reaktion in der Praxis können dafür sorgen, bei dann doch auftretenden Problemen den Ball so flach wie möglich zu halten.
- Die anschließende Reflexion bereitet Dich wieder unmittelbar auf die nächste Performance vor – in der dann (hoffentlich) die Erfahrungen der letzten eine Verbesserung der Situation bewirken.

Vor dem Auftritt
- **Gründliche und qualifizierte Vorbereitung:** Dies gilt bezüglich der inhaltlichen und methodischen Vorbereitungen und des Programms ebenso wie im Hinblick auf gegebenenfalls benötige und funktionsfähige Requisiten oder Equipment, die Kontrolle des Auftrittsorts, die Zeitplanung und vieles mehr.
- **Vorüberlegungen:** Wenn möglich ist es sinnvoll, mögliche „Problemanwesende" bereits im Vorfeld zu erkennen und ein entsprechendes Verhaltensrepertoire (z. B. passende Einbindungsoptionen) einzuplanen.

- **Bereits vorab ermittelte mögliche Auslösesituationen für potenzielle Störungen umstrukturieren:** Bei einer Veranstaltung im kleinen Kreis mit persönlich bekannten Anwesenden können wir beispielsweise nicht nur ermitteln, wer wohl die Problemfälle sind, sondern auch wo diese sitzen/stehen oder wo in Bezug zu diesen Personen unsere eigene Position ist. Unsere unmittelbare räumliche Nähe zu einer potenziellen Störperson kann Wunder wirken!
- **Mit der Veranstaltungsleitung Regeln vereinbaren:** Dazu gehört gegebenenfalls (wenn Probleme beispielsweise aufgrund des speziellen Publikums vermutet werden können) auch die Frage nach einem Ordnungsdienst, wann dieser zum Einsatz kommt und wie dies geschieht.
- **Erfordernisse deutlich machen:** Unmittelbar vor Beginn der eigentlichen Veranstaltung dem Publikum gegenüber direkt oder indirekt die eigenen Anforderungen klären (die eigene Vorbildfunktion hilft bereits).
- **Als Vorführender selbst entspannt sein:** Dazu gehört ebenso ein frühzeitiges Erscheinen am Veranstaltungsort, wie auch ausgeschlafen und konzentriert zu sein etc. Eigener Stress und eigene Unruhe übertragen sich immer.
- **Gegebenenfalls unvermeidbare störanfällige Situationen akzeptieren, sie in der Planung berücksichtigen und Verständnis vermitteln:** Wenn Du Dir bewusst bist, dass in bestimmten Momenten unvermeidbar Unruhe entstehen wird, ist dies auch nicht mehr überraschend und bringt Dich daher auch nicht mehr aus der Ruhe.

Während des Auftritts
- Falls Maßnahmen nötig werden, beginne stets mit der Reaktion, die Dir auf der niedrigsten Stufe erfolgversprechend erscheint.
- Gib, wenn nötig, zunächst vorwurfsfreie Hinweissignale (im Satz innehalten, Blickkontakt suchen, Tempo und Lautstärke variieren).
- Versuche, störende Anwesende verstärkt einzubeziehen.
- Transportiere Gemeinsamkeiten („Ich kann/weiß etwas Besonderes, bin aber dennoch einer von Euch!").
- Schaffe gegebenenfalls körperliche Nähe (nebenher, ohne geäußerte Vorwürfe an Störende herantreten).
- Wenn es ein Problem gibt, das die Leistung beeinträchtigt, sprich darüber (Ich-Botschaft).
- Ermögliche „Entlastungshandlungen" nach längeren, anspruchsvollen Konzentrationsphasen (eventuell Mitmachexperimente, Bewegung).
- Plane generell Methodenwechsel ein.

- Enttäusche die Erwartungen ablehnender Anwesender, überrasche sie.
- Vermeide Ironie oder Sarkasmus, gib stattdessen konstruktive Hinweise.
- Rufe nicht in unruhige Situationen hinein, sondern strahle selbst Ruhe und Souveränität aus.
- Vermeide, dass sich unerwünschtes Verhalten hochschaukelt.

Nach dem Auftritt
- Reflektiere aktuelle Wahrnehmungen …
- … insbesondere Störungen, Störende und auslösende Momente.
- Sprich mit Dir unbekannten Anwesenden ebenso wie mit Vertrauten, die anwesend waren, hole Dir Feedbacks ein und reflektiere auch deren Beobachtungen wertneutral.
- Wenn sich die Gelegenheit bietet, sprich im Anschluss mit Anwesenden, die sich als kooperativ erwiesen haben, über aufgetretene Störungen.
- Erfrage erfüllte und/oder nicht erfüllte Erwartungen und Bedürfnisse Deines Publikums.
- Sprich mit der Veranstaltungsleitung.
- Solltest Du öfter mit Störungen zu tun haben, hilft es mitunter, eine Art tabellarisches „Störungstagebuch" zu führen. Hier werden all jene Aspekte vermerkt, die Dir später helfen können, den Kontext der aufgetretenen Störungen zu identifizieren und damit die entsprechenden Ursachen abzustellen. Beispielsweise können darin folgende Punkte vermerkt werden:
  - die Phase/Nummer Deiner Performance, bei der wiederholt eine Störung aufgetreten ist
  - die zeitliche Einordnung/Position dieser Phase in der Gesamtperformance
  - die Personen(-zahl), die dabei eingebunden waren (allein oder mit einem oder mehr Mitwirkenden, Geschlecht)
  - das Geschehen unmittelbar vor der Störung
  - dabei verwendete Requisiten, Materialien oder Methoden
  - bestimmte geskriptete Textpassagen
  - der Veranstaltungsort (Lage, Ausstattung etc.)
  - die Publikumszusammensetzung im Allgemeinen
  - (Altersgruppe, sozialer Background etc.)
  - eine Kategorisierung der Störperson
  - (Geschlecht, Alter, Positionierung im Publikum etc.)

Wenn nun Störungen erneut auftreten, erkennst Du damit sehr leicht Gemeinsamkeiten bzw. Regelmäßigkeiten durch eine Analyse dieser Tabelle und weißt, wo Du mit Deinen Überlegungen zur Vorbeugung anfangen kannst.

13

So kann's gehen

Schauen wir uns einmal einige ganz konkrete Maßnahmen an, die wir im Rahmen einer Performance – in unserem Beispiel speziell im Kontext einer Bühnenshow – einsetzen können. Eines müssen wir unseren nachfolgenden Ausführungen jedoch vorausschicken: Es gibt leider keine zu einhundert Prozent verlässlichen Zusammenhänge zwischen besonderen Arten bei Störungen zu reagieren und den erhofften positiven Wirkungen dieser Reaktion. Sorry! Eine bestimmte Maßnahme kann in einer Situation bei einem Performenden Wunder wirken, während sie bei anderen vergleichsweise wirkungsarm bleibt. Ein Schlüssel zu relativ störungsfreien Vorführungen liegt in einem ganz anderen Bereich: Was sich nämlich feststellen lässt, ist, dass es bemerkenswerte Zusammenhänge zwischen der Vorbereitung einer Performance und den später auftretenden oder eben ausbleibenden Störungen gibt!

> **Merke**
> Eine effektive, störungsarme Performance hängt zumeist weniger von der Qualität einer Reaktion auf eine Störung ab als von einer guten individuellen Vorbereitung und einer souveränen Durchführung!

Nehmen wir an, wir stellen fest, dass bestimmte Anwesende stets dann durch störendes, unruhiges Verhalten unsere Performance beeinträchtigen, wenn wir uns (ablaufbedingt) in eine andere Richtung wenden. Es gilt nun die Anwesenden während der Performance unsere mentale „Allgegenwärtigkeit" zu vermitteln – und das trotz unseres demonstrierten Fokus auf einen

Mitwirkenden. Und auch ohne die mitschwingende Kritik und Aufforderung zur Ruhe vorwurfsvoll zu betonen!

Die Augen am Hinterkopf
Eine hübsche Methode hierfür sind beispielsweise die „Augen im Hinterkopf". Stellt Euch folgende Situation vor: Wir bemerken, dass einer der Anwesenden ununterbrochen unter dem Tisch auf seinem Handy herumtippt und wir setzen an dieser Stelle jetzt voraus, dass das uns oder andere Anwesende beeinträchtigt.

Wir reagieren darauf zunächst überhaupt nicht. Vielmehr lassen wir einige Zeit vergehen und warten ab, bis wir im Rahmen unseres Tuns selbst die Augen geschlossen haben und/oder eindeutig in eine andere Richtung sehen. Dann halten wir kurz inne, heben – die aktuelle Situation bremsend – die Hand und sagen sinngemäß etwas wie:

„Es ist merkwürdig, – aber ich sehe immer Buchstaben vor mir, …
… – kleine Buchstaben, … die leuchten, …
… wie auf einem … kleinen Monitor …
… sie kommen … von dort!"

Woraufhin wir mit geschlossenen Augen in die Richtung desjenigen deuten, der bis dahin mit seinem Handy herumspielt. Wenn wir offensichtlich geraume Zeit vorher nicht in diese Richtung gesehen haben oder besser gar nicht sehen konnten, ist die Wirkung dieser kleinen Finte frappierend.

Die zeitversetzte Nutzung scheinbar nebensächlicher Informationen bringt uns grundsätzlich große Aufmerksamkeit.

Zudem transportiert dies eine potenzielle Einbindung aller Anwesenden und erhöht so deren Grundfokus auf uns und unser Tun. Es gibt viele Dinge, die vorab oder auch während der Performance zu ermitteln sind und uns auf die eine oder andere Art und Weise helfen können. Und diese müssen sich nicht einmal auf den konkreten Anlass einer Störung (im Beispiel das Tippen auf dem Handy) beziehen:

- Habt Ihr vielleicht vor der Performance ein Gespräch aufgeschnappt? Ein Gespräch, in dem sich möglicherweise zwei Personen gestritten, versöhnt, nach langer Zeit wieder getroffen oder auch einen besonders liebevollen Umgang miteinander gepflegt haben?
- Habt Ihr mitbekommen, dass jemand vielleicht etwas verloren oder gefunden hat?

- Hat eventuell jemand Schwierigkeiten bei der Parkplatzsuche gehabt?
- Habt Ihr von irgendwelchen Sorgen gehört, die den einen oder anderen betreffen?
- Sind bevorstehende Ereignisse angesprochen worden, die bestimmte Anwesende besonders beschäftigen könnten?

Es gibt wirklich Hunderte solcher Themen, mit denen wir – vollkommen unabhängig von der beabsichtigten Phase der Performance – etwas anfangen können. Wir könnten es offensiv als plötzliche „Schwingung" aufschnappen und thematisieren; wir können aber auch einfach nur unsere Empathie deutlich machen und Verständnis dafür zeigen, dass jemand gerade ein anderes, wichtiges Thema hat.

Wenn eine solche, nebenher eingebaute Information eine Person betrifft, die für uns kritisch ist (z. B. eben ein potenziell störender Anwesender), haben wir hiermit einen wunderbar konstruktiven Weg zum Umgang mit der Situation: Wir können diese Person einbinden und dabei zugleich unsere Empathie unterstreichen.

Achte also im Vorfeld insbesondere auf die Personen, die Dir tendenziell problematisch erscheinen oder die Dir bereits als kritisch avisiert worden sind. Vermittle diesen Personen dabei jedoch keinesfalls, dass sie unter Beobachtung stehen. Sammle aber dennoch Informationen und nutze sie in der vorgeschlagenen Art und Weise bei Bedarf mit Bedacht und wohl dosiert.

Neben dem Sammeln von Informationen, wo und wann immer wir können, bedeutet dies während der eigentlichen Performance zweierlei: ein Arbeiten mit Requisiten und/oder Mitwirkenden bei gleichzeitiger Sensibilität für die Aufmerksamkeit und Stimmung im Restpublikum. Zugleich müssen aber eine erkennbare Reibungslosigkeit und ein angemessener Schwung im Fluss unserer Performance garantiert sein.

Kurze, plötzliche Einschnitte wie in unserem o. a. Beispiel können sehr hilfreich sein, dennoch müssen sie dosiert eingesetzt werden. Es gilt zwingend, den Eindruck von Sprunghaftigkeit und Unkonzentriertheit zu vermeiden; Verzögerungen müssen immer wieder zielführend aufgefangen, die Aufmerksamkeit erneut auf den Kern der Performance fokussiert und so Fragmentierungen vermieden werden. Dadurch halten wir den Zuschauerfokus auf der Performance und uns selbst sowie die gedankliche Aktivität aller Anwesenden aufrecht.

Der Fokus der Anwesenden
Diesem Zweck dient auch eine regelmäßige „Gruppenmobilisierung" durch angemessene Ansprachetechniken: Nachfragen bei Anwesenden, das Einho-

len von Bestätigungen etc. Stelle Dir doch einmal selbst die Frage, wie es eigentlich während eines Auftritts von Dir im Allgemeinen mit dem Beschäftigungsradius Deines Publikums aussieht. Damit meinen wir die Spanne zwischen den Extrempolen:

A. *„Selbst nicht unmittelbar beteiligte Anwesende sind aktiv eingebunden!"*
und
B. *„Alle Anwesenden sind durchgehend **passive** Rezipientinnen und Rezipienten!"*

Auch unter Berücksichtigung des Umstandes, dass wir uns natürlich immer (auch) selbst präsentieren, sind wir selbst aus Publikumssicht zumeist gar nicht der zentrale Punkt: Aus Sicht der Anwesenden ist der Kernaspekt in aller Regel der Inhalt der Performance – was auch immer das ist: der Vortrag, die Präsentation, die „Show".

Anders ist es natürlich bei Performenden, die durch einen regelrechten Personenkult verehrt werden – dazu zählen jedoch wohl die wenigsten. Wenn es also um eine generelle Performance vor Publikum geht, ist eine (gelenkte) Eigenaktivität aller – und sei sie auch nur gedanklich – fast immer vorteilhaft.

Eine reine Passivität der meisten Anwesenden kann hingegen tendenziell eher nachteilig sein. Dies gilt insbesondere beim Umgang mit potenziellen Problemfällen: Verdammen wir ausgerechnet diese zu durchgehender Passivität, dürfen sie also nichts aktiv tun, so werden sie ggfs. angestaute Energien umleiten; und diese Umleitung mag dann nicht unbedingt in die Richtung erfolgen, die uns genehm ist.

Binden wir also auch nicht aktiv Mitwirkende ein: Vermitteln wir ihnen ein Gefühl der Beachtung und Wertschätzung, würdigen wir gedankliche oder Konzentrationsleistungen und ihre Aufmerksamkeit. Solche konstruktive Einbindung ist nicht nur ein präventives Mittel, sondern kann auch sehr produktiv bei Problemfällen angewandt werden, wie wir sehen werden.

Spezialaufträge
Nehmen wir an, wir haben einen kritischen Fall im Publikum lokalisiert. Noch bevor ein sich anbahnendes Problem zu einem echten Konflikt wird, können wir die betreffende Person aktiv in das Geschehen einbinden. Dies kann, wenn möglich, durch eine tatsächliche Mitwirkung am Geschehen ermöglicht werden, aber auch durch bestimmte „Spezialaufträge", die diese Person in ihrem Selbstbild bestätigen und ihr eine (scheinbar) Wertschätzung demonstrierende und wichtige Aufgabe anvertrauen. Dies wiederum kann „offiziell" und öffentlich, aber auch „unter vier Ohren" geschehen, sodass die betreffende Person nun vertraulich als kompetent, wissend und „verantwortlich" akquiriert wird.

Wir sprechen den potenziellen Problemfall leise, ungehört von den anderen Anwesenden an und bitten ihn beispielsweise, in der Folge auf verschiedene Punkte bei den Mitwirkenden zu achten. Wir vermitteln dabei, dass wir hierfür eine sehr analytische und kritische Person zur Beobachtung benötigen und der oder die Angesprochene deshalb die Reaktionen dieser Mitwirkenden hervorragend dokumentieren könne. Wir vermitteln also einen ganz konkreten Arbeitsauftrag. Dies kann alles Mögliche sein:

- Beispielsweise die Anzahl der geäußerten „Äh" zählen, die ein Mitwirkender von sich gibt.
- Darauf achten, wie häufig eine bestimmte Geste vollzogen wird (mit der Hand durch das Haar streichen, am Ohr kratzen, etc.),
- oder auch, wohin sich der Blick einer teilnehmenden Person im Verlaufe der Performance bewegt – und anderes mehr.

Das zu Grunde liegende Prinzip sollte klar geworden sein: Die potenziell problematische Zielperson wird mit ins Boot geholt, ihr wird eine Verantwortung übertragen. Dies vermittelt einerseits eine gewisse Wertschätzung, andererseits bestätigt dies ihr Selbstbild.

Vor allem aber beschäftigt es sie! Jetzt hat sie in ihrer Wahrnehmung eine wichtige, verantwortungsvolle Aufgabe, ist daher nicht genötigt, sich selbst (für uns unpassende) Randaktivitäten zu suchen und er hat überdies ein Eigeninteresse an einem störungsfreien Ablauf der Performance. Im Idealfall wird sie nun sogar andere Problemfälle bitten, ihre Störungen zu unterlassen!

Was wir letztlich mit den von unseren Mitverantwortlichen ermittelten Informationen anfangen, hängt nun von verschiedenen Faktoren ab: von den Rahmenbedingungen der Performance, der zu Verfügung stehenden Zeit, dem inhaltlichen Plot und natürlich den Inhalten des Beobachtungsauftrages. Bestenfalls handelt es sich natürlich um Informationen, die wir abschließend auch konkret und sinnvoll im Rahmen unserer Präsentation einbinden können. Das hängt von der Art der Performance ab.

Wann immer es möglich ist, sollten wir der hilfreichen Person anschließend danken und die gesammelten Informationen tatsächlich nutzen. Dies ist unserer Erfahrung nach die beste Variante eines solchen Einbindens von Personen: Ein wirklich authentischer Umgang mit den Beobachtungsgegenständen unserer „Helfer".

Natürlich haben wir auch die Möglichkeit, Informationen sammeln zu lassen, die wir nachher **nicht** abfragen, die wir also einfach ebenso ignorieren wie die beauftragte Person. Damit jedoch entlassen wir die Betreffenden mit einem sehr unguten Gefühl und produzieren darüber hinaus für nachfolgende Kolleginnen und Kollegen (oder uns selbst, wenn wir wieder auf diese Person stoßen), einen noch größeren, potenziellen Problemfall.

Gute Aussichten

Eine andere Möglichkeit der Einbindung, die sehr funktional ist, sich aber an der Grenze des nachträglich für den Betreffenden Akzeptablen bewegt, ist die Einbindung in eine angebliche Folgeperformance, – die dann aber nie stattfindet. Ein Beispiel: Wir identifizieren einen Problemfall, nehmen einen Zettel zur Hand, vermerken darauf etwas und sichern diesen in einem Briefumschlag, den wir verschließen. Nun geben wir diesen Umschlag der betreffenden Person zur Aufbewahrung, mit der Bemerkung, unbedingt darauf zu achten, dass dieser Umschlag sicher ist, ihm niemand zu nahe kommt, niemand ihn lesen oder austauschen kann. Das sei entscheidend für das große Finale! Allein dies kann schon genügen, die Betreffenden aufgrund ihrer verantwortungsvollen Aufgabe ruhigzustellen.

Haben wir das Gefühl, das genüge nicht, könnten wir einen weiteren Zettel und einen weiteren Umschlag zur Hand nehmen. Wir reichen der Person beides gemeinsam mit einem Stift und der Bitte, darauf eine beliebige Zeichnung anzufertigen sowie das Geburtsjahr und den Vornamen zu vermerken. All dies soll so geschehen, dass niemand, weder der Performer noch potenzielle Helfer im Publikum sehen kann, was gezeichnet oder geschrieben wird! Anschließend soll der Zettel im Umschlag versiegelt und dieser bei sich am Körper gesichert werden.

All dies heimliche Ausfüllen beschäftigt Betreffende in jedem Fall eine Zeit lang und produziert natürlich unausgesprochen die Annahme, dass mit den notierten Informationen später „etwas" geschehen würde. Wie bereits oben erwähnt, sollte auch „etwas" damit geschehen, – nur muss dies natürlich nicht zwingend das von einer Zielperson Vermutete sein. Wir können uns auch am Ende der Performance den Umschlag des oder der Betreffenden aushändigen lassen und uns zunächst für seine Kooperation bedanken.

Mit einigen freundlichen Worten können wir zum Beispiel mitteilen, dass wir uns sehr für die kreativ-visuellen Fähigkeiten besonders analytisch-kritischer Menschen interessieren. Wir könnten erklären, dass wir dafür bei jeder unserer Veranstaltungen eine besonders geeignete Person bitten, eben jene Aufgabe, der sie sich dankenswerterweise gestellt hat, zu übernehmen. Dies müsse allerdings stets im konkreten Moment für die Betreffenden ohne die Kenntnis des Aufgabenziels geschehen, da ja ansonsten ihre Reaktionen (die Zeichnung) eindeutig zielgerichtet und nicht zufällig wären.

Der andere Umschlag, den wir ausgehändigt haben, enthält dann noch einmal einige Dankesworte und möglicherweise unsere Kontaktdaten für Buchungen. Die Absicht dahinter sollte klar sein: Eine Person, die sich für uns als problematisch darstellt, die dazu neigt, sich in den Vordergrund zu spielen oder die störende Nebenaktivitäten zeigt, wird mit einer (aus seiner Sicht) wichtigen Aufgabe betreut.

- Einer Aufgabe, die diese Person einerseits beschäftigt,
- ihr andererseits das Gefühl einer relevanten Position im Kontext gibt
- und die eine gespannte Erwartung auf das Kommende produziert.

Womit der Fokus dieser Person (wieder) auf den Fortgang der Performance gelenkt wird. Am Ende sorgen wir in jedem Fall dafür, dass die Leistung des/der Betreffenden gewürdigt wird – wenn auch nicht in der Art, wie er oder sie es erwartet hat.

Fokus auf das Publikum
Auch in Bezug auf die Gesamtgruppe der Anwesenden möchten wir an dieser Stelle den Aspekt des (Publikums-)Fokus noch einmal erwähnen, auch wenn dies eigentlich eine Selbstverständlichkeit sein sollte. Um die Aufmerksamkeit aller Anwesenden aufrechtzuerhalten, muss natürlich jede Langatmigkeit, jeder mutmaßliche Überdruss vermieden werden. Dies haben wir zu einem guten Teil bereits dann erreicht, wenn es aus Sicht des Publikums ein subjektives Empfinden von Entwicklung und Progress spürbar wird; wenn offensichtlich auf ein erkennbares (und wünschenswertes) Ziel hingesteuert wird. Überdruss vermeiden wir aber beispielsweise auch durch unserer Zielgruppe angemessene Herausforderungen: Anspruchsvolle Aktivitäten mit Anforderungen an das Denkvermögen, die Kreativität und das Beurteilungsvermögen bezüglich eigener Alltagserfahrungen.

14

Blickwinkel: Essays

„Sogar in dem, was alle Menschen gemein haben, in ihrer Natur, liegt dennoch wieder die Verschiedenheit, dass keiner mit dem andern in allen Stücken übereinkommt."

Georg Forster (1777): Reise um die Welt

Jetzt hast Du mehrere Seiten unserer Ausführungen zum Thema „Umgang mit Störenden und Störungen" gelesen. Du hast vielleicht Deine eigene Wahrnehmung ebenso gezielt hinterfragt wie Deine diesbezüglichen Sichtweisen und Gewohnheiten. Du hast unsere Vorschläge zur präventiven Vorbeugung und Vermeidung von Problemen gelesen und auch unsere Herangehensweisen für den Fall, dass trotz aller Vorbereitung eine Störung auftritt, auf die reagiert werden muss.

Unser 8-Stufen-Modell hat bewährte konkrete Maßnahmen aufgelistet, die ergriffen werden können, wenn eine Störung nun einmal da ist – und dieses Modell hat überdies die Abfolge der Maßnahmen, gemessen am Eskalationsgrad, in eine sinnvolle Ordnung gebracht. Einige Verfahrensweisen, die sich für uns in der Praxis bewährt haben, haben diesen Teil abgerundet.

Was folgt, sind unter der Überschrift „Blickwinkel" nun einige Essays, die als Sichtweisen auf unser Thema und einige seiner Randgebiete vielleicht zum Nachdenken anregen können. Manches davon sind Schlussfolgerungen aus gesammeltem Wissen – anderes ist schlicht „Meinung".

Wie es nun einmal in der Natur persönlicher Sichtweisen und Meinungen liegt, so sind auch unsere rein subjektiv und erheben in ihren Kernaussagen weder Anspruch auf objektive Richtigkeit noch auf Allgemeingültigkeit. Man mag unseren Gedanken folgen oder nicht – darüber nachzudenken klärt die eigene Position in jedem Fall.

Das ist doch auch schon mal nicht schlecht, nicht wahr?

14.1 Ein Plädoyer für die Lockerheit

Wenn man Literatur zum Thema „Störungen" betrachtet, findet man neben dem einen oder anderen Kompromissvorschlag auch oftmals zwei vollkommen gegensätzliche Herangehensweisen im Umgang mit unerwarteten oder ungefragten Zuschaueräußerungen: Da wird einerseits von manchen Autorinnen oder Autoren ein möglichst durchgängiges Ignorieren vorgeschlagen, mit dem Ziel der jeweiligen Person keinesfalls eine Bühne zur Selbstdarstellung zu bieten. Andererseits findet man vielfältige Ansätze eines konsequenten und unmittelbaren „Mundtot-Machens" des oder der Betreffenden – zumeist durch vorab auswendig gelernt Sprüche, die als sogenannte „Punch-Lines" oder „Put-Downs" verkauft werden.

Diese beiden vollkommen gegensätzlichen Herangehensweisen können in entsprechenden Situationen durchaus funktional sein. Funktional in dem Sinne, dass (möglicherweise) danach „Ruhe" herrscht. Allerdings wird hierbei oftmals ein Aspekt ausgeblendet, der aus unserer Sicht ein sehr wichtiger ist und häufig zu wenig Beachtung findet: Die Rede ist vom Aspekt einer wünschenswerten Kommunikation und Interaktion mit dem Publikum.

Ja, manchmal soll ein Publikum tatsächlich nichts anderes tun als zuschauen und zuhören. Es hängt von der Art der Performance ab: Manchmal wohnt das Publikum einer Demonstration von Fähigkeiten bei, die Anwesenden sehen sich das an und alles, was sie darüber hinaus tun sollen (tun dürfen), ist zu staunen und im Nachhinein ihrer Begeisterung Ausdruck zu verleihen. Mehr ist nicht gefragt – oder wird sogar als Störung empfunden.

Diese Rollenverteilung ist aus unserer Sicht in einzelnen, wohl-dosierten Phasen einer Performance auch gar kein Problem. Schwierig wird es jedoch dann, wenn eine erwartete (oder gar eingeforderte) Passivität des Publikums als durchgängiges Prinzip gesetzt wird, dieses Publikum aber etwas anderes erwartet und andere Bedürfnisse hat. Denn es ist nicht jedes unerwartete Verhalten und nicht jede vom geplanten Ablauf abweichende Äußerung oder Reaktion böse gemeint oder negativ – selbst wenn sie unseren geplanten Ablauf beeinflussen. Sie sind weder in jedem Fall negativ gemeint, noch wirken sie sich in der Praxis zwangsläufig negativ aus!

Was möchte eigentlich unser Publikum – und was möchte es nicht? Nun, erfahrungsgemäß wollen die wenigsten Menschen das Gefühl bekommen, nicht als individuelle Personen anerkannt zu werden. Im Gegenteil: Es ist schlicht ein Zeichen des Respekts, ein Gegenüber (auch einen „nur" zuschauenden und zuhörenden Menschen) nicht nur als Claqueur, sondern als Individuum mit eigener Persönlichkeit, eigenen Interessen und Bedürfnissen zu betrachten.

Auch sind die Intentionen, warum bestimmte Anwesende Deiner speziellen Performance beiwohnen, ebenso unterschiedlich wie die Charaktere dieser Personen und ihre Persönlichkeiten. Es ist daher müßig, im Einzelnen über ihre Gründe zu spekulieren. Wir können aber wohl davon ausgehen, dass nur die wenigsten unserer Anwesenden die ausschließliche Motivation haben, uns als „Applausometer" zu dienen.

Für die wenigsten Anwesenden wird die Intention zum Beiwohnen einer Performance darin bestehen, stets nur auf unsere Anweisung hin das eine oder das andere zu tun, auf unser Signal hin an den richtigen Stellen das richtige Maß an Begeisterung zu zeigen, sich aber ansonsten möglichst passiv, still und unauffällig zu verhalten.

Kann nicht auch eine unerwartete Reaktion eines Anwesenden, die überraschend kommt und nicht in unser Konzept passt, die also faktisch eine „Störung" ist, aus positivem Erstaunen oder gar Begeisterung resultieren? Auch ein Zwischenruf oder eine „unerwünschte" Bemerkung muss nicht zwangsläufig deshalb erfolgen, weil die betreffende Person uns Übles will!

Im Gegenteil: Wenn wir vor Publikum stehen, unseren Job gut machen und „der Funke überspringt", dann reagieren Menschen auch emotional und deshalb mitunter impulsiv. Solche Reaktionen können geradezu als Gradmesser dafür angesehen werden, wie mitreißend unsere Performance ist. Je nach Art unseren Tuns und Publikum kann die Reaktion ausgeprägtes Lachen und ausgelassene Fröhlichkeit sein, oder auch wortlose, melancholisch-nachdenkliche Besinnlichkeit bis zu fassungslosem, ungläubigem Erstaunen. Und je besser wir in dem sind, was wir präsentieren, desto ausgeprägter können die emotionalen Ausschläge der Anwesenden dabei werden.

Die Reaktionen aus dem Publikum auf unsere Performance können also sehr unterschiedlich und mitunter auch sehr impulsiv ausfallen – jeweils ihren verschiedenen Charakteren und Temperamenten entsprechend. Ein solch impulsives Verhalten mögen wir im konkreten Moment so nicht erwartet haben, es mag überraschend sein und uns möglicherweise etwas aus dem Konzept bringen – trotzdem ist diese Reaktion nicht zwangsläufig böswillig oder auch nur negativ!

Und liegt nicht auch im Unerwarteten eine Chance? Eine Chance sowohl zur Individualisierung des Programms als auch zur tatsächlichen Verbesserung seiner Wirkung? Lasst uns diesem Gedanken doch einmal kurz folgen.

Natürlich haben wir im Normalfall stets einen mehr oder weniger festen Programmablauf für unsere Performance im Kopf. Selbst wenn wir jazz-artig improvisieren ist üblicherweise ein roter Faden vorhanden. Und auch bestimmte technische Abläufe und Handlings sind stets ebenso zwingend, um unsere Performance wie geplant ablaufen zu lassen.

Aber zwischen einem Festlegen bestimmter zwangsläufig erforderlicher technischer Teilschritte oder im Extremfall einem vollkommenen Fixieren jedes einzelnen Wortes und jeder Handlung im kompletten Programm liegt ein weites Feld.

Wir sollten uns also davor hüten, in jeder Reaktion aus dem Publikum, die wir nicht explizit eingefordert haben, ein Problem zu sehen. Wer spontane Reaktionen der Anwesenden grundsätzlich im Keim erstickt oder sie auch nur prinzipiell als Problem wahrnimmt, beraubt sich sich selbst der Chance, aus dem Guten das Bessere zu machen. Denn die Erfahrung lehrt uns, dass die schönsten Momente aus ungeplanter Spontaneität und unverkrampfter Interaktion resultieren.

Ja, wenn solche spontanen Reaktionen tatsächlich einen eindeutig destruktiven Charakter haben, müssen wir uns bemühen, sie in den Griff zu bekommen. Dennoch wollen wir an dieser Stelle für eine angemessene Lockerheit und Entspanntheit im Umgang mit dem Unerwarteten plädieren.

Denn das Unerwartete trägt mitunter nicht nur die Chance für das Bessere in sich – es macht unsere Performances überdies auch für uns selbst immer neu, spannend und abwechslungsreich. Ist nicht auch das wertvoll?

Prinzipielles Ignorieren ebenso wie grundsätzliches Unterdrücken nicht erbetener Publikumsreaktionen beraubt uns wertvoller Chancen. Beispielsweise der Chance, unsere Performances durch echte Interaktion mit den Anwesenden persönlicher zu machen. Zugleich vergeben wir aber auch die Chance, dass aus einer unerwarteten, spontanen Interaktion eine echte Perle entsteht.

Merke: Nicht jede „Störung" unseres geplanten Programmablaufs führt zu wirklichen Problemen – nicht jede „Störung" ist negativ. Im Gegenteil. Oftmals bewirkt gerade das Ungeplante, Unerwartete und damit theoretisch zunächst einmal „Störende" eine echte Verbesserung.

Gib dem eine Chance!

14.2 Die Psychologie der Kooperation

„Aber wenn ich manchmal den Schlüssel finde und ganz in mich selbst hinuntersteige, da wo im dunklen Spiegel die Schicksalsbilder schlummern, dann brauche ich mich nur über den schwarzen Spiegel zu neigen und sehe ... ... mein eigenes Bild, ..."
Hermann Hesse (1925), Demian

Wir Menschen bewegen uns stets in einem psychologischen Zwiespalt: Einerseits ist es uns ein Grundbedürfnis, in einen sozialen Kontext eingebunden und nicht ausgegrenzt zu sein. Andererseits wollen wir als einzigartiges Subjekt mit ganz eigener Persönlichkeit und individuellem Profil (an-)erkannt werden. Wir wollen also zum einen „wie die anderen" und „mit den anderen" sein, trotzdem wollen wir keinesfalls nur „irgendeiner" unter vielen sein, sondern „ein bestimmter" – ein Individuum eben.

Hier gibt also einen grundlegenden Zwiespalt zwischen Konformität auf der einen Seite und Individualität auf der anderen. Dies kann im Rahmen unseres Themas wichtiger werden, als es vielleicht im ersten Moment den Anschein hat. Denn konformes Verhalten (im Sinne von Kooperationsbereitschaft) wird Mitwirkenden leichter fallen, wenn wir das Gefühl vermitteln, von uns als Persönlichkeiten mit ganz eigenen und individuellen Ansichten und Bedürfnissen akzeptiert und wertgeschätzt zu werden.

Andererseits werden wir häufiger non-konforme und vom gewünschten Verhalten abweichende Reaktionen provozieren, wenn Mitwirkende das Gefühl haben, sie würden eher als „Objekt unserer Selbstinszenierung" missbraucht. Dann werden sie möglicherweise unsere Bühne dazu verwenden, ihre eigene Persönlichkeit und Individualität in den Vordergrund zu spielen – was natürlich unserem eigenen Wunsch nach Kooperationsbereitschaft möglicherweise zuwiderläuft. Eine gemeinsame kooperative Ebene und das Vertrauen der Mitwirkenden in uns als Person und unsere Fähigkeiten sind wichtige Voraussetzungen für den ‚Flow' einer Performance.

Natürlich ist das abhängig von der Art dieser Performance. Manchmal sind Anwesende ausschließlich dafür da, um zuzuschauen und zuzuhören; manchmal aber ist eine wie auch immer geartete Mitwirkung unverzichtbar. Natürlich lässt sich Vieles dennoch, also ohne eine echte kooperative Basis, durchführen. Häufig aber verlieren entsprechende Phasen dann an Wirkung. Sollten wir also die Möglichkeit haben, auf die Auswahl geeigneter Mitwirkender Einfluss zu nehmen, wäre es schlicht dumm, es nicht zu tun.

Was oder wer sind also kooperative Mitwirkende? Kooperativ ist jemand, der uns und dem, was wir tun, offen gegenübersteht. Jemand, der sich der Präsentation hingibt und sie genießt. Dabei beeinflusst natürlich die Erwartungshaltung unseres Publikums massiv die Wahrnehmung der Wirklichkeit (self-fulfilling prophecies). Und Ansichten, zu denen man einmal gelangt ist, werden auch unabhängig von zutreffenden Gegenargumenten sehr häufig gerne weiter gepflegt. Diese „Beständigkeit von Irrtümern" wird in der Psychologie auch unter dem Begriff der „belief perseverance" diskutiert und ist für uns sehr gewinnbringend. Denn ein sehr großer Anteil dessen, was eine Person wahrnimmt und wie sie es tut (und bewertet), beruht auf Antizipation: auf der Erwartung eines bestimmten Geschehens, eines bestimmten Ergebnisses.

Haben Mitwirkende also erst einmal eine positive Erwartungshaltung an uns und das, was wir tun, und entsprechen wir auch nur annähernd seiner Vorstellung, dann werden sie das Erwartete wahrnehmen: Sie werden die Performance, wenn sie nicht gerade wirklich unterirdisch ist, zumindest als „OK" anerkennen. Im Grunde genommen ist dieses Phänomen eine Variante des bekannten Barnum-Effektes.

Etwas verkürzt könnte man sagen: Hält uns jemand für kompetent, sind wir für ihn kompetent! Hält uns dieser Mensch für authentisch, sind wir authentisch! Jeder Mensch konstruiert seine persönliche Wirklichkeit. Der Zusammenhang zwischen den Erwartungen eines Menschen vorher oder zu Beginn einer Performance und seiner Wahrnehmung, wenn es tatsächlich losgegangen ist, ist sehr eng. Eine Erwartung wirkt sich auf die Aufnahmebereitschaft ebenso aus wie auf die Bewertung unserer Darbietung und den „Glauben" an das, was wir tun und damit auf die Kooperation.

Mitwirkende werden also stets dann besser kooperieren, wenn sie von vorn herein positive Erwartungen an uns stellen. Ein damit einhergehender Effekt ist die sogenannte „behavioral confirmation". Eine Selbstverstärkung oder Selbstbestätigung der Richtigkeit des eigenen Handelns oder Denkens: Erwartungen, die eine Person an uns stellt, beeinflussen quasi reflexartig das Verhalten dieses Menschen dahingehend, dass er sich selbst so verhält, dass wir seine Erwartungen letztlich tatsächlich erfüllen. Ideale Mitwirkende sorgen also selbst für die Bestätigung ihrer Erwartungshaltung. Dieser Effekt bildet im Übrigen auch eine zentrale Grundlage der Hypnose.

Für uns heißt das zweierlei: Zum einen gilt es, im Vorfeld – beispielsweise über unsere Werbung und Ankündigung – nur die Erwartungshaltungen zu generieren, denen wir in der Praxis dann auch tatsächlich gerecht werden können. Schuster, bleib' bei deinen Leisten: Selbstüberschätzung produziert mehr Probleme als sie löst. Zum anderen sollten wir während der eigentlichen

Performance dann aber auch alles tun, um die Erwartungen des Publikums nicht zu enttäuschen. Damit vermeiden wir einen Großteil der potenziellen Problemauslöser schon im Vorfeld.

14.3 Eine Frage der Einstellung

Prinzipiell gibt es Menschen, die eher dazu neigen zu „glauben" und jene, die es tendenziell nicht tun. Hierbei beziehen wir uns nicht etwa primär auf religiöse oder allgemein spirituelle Zusammenhänge. Es geht eher um eine von zwei Grundtendenzen: Entweder auch nicht-Erwiesenes zunächst einmal so lange zumindest als Option zu akzeptieren, bis sie ausgeschlossen ist; oder umgekehrt, nicht-Erwiesenes so lange prinzipiell abzulehnen und auszuschließen, bis der Beweis erbracht wurde. Es geht also um die Grundtendenz der prinzipiellen Offenheit für Möglichkeiten im Kontrast zur prinzipiellen Skepsis.

John Riggs sieht in seinem Messiah Process (S. 15) den entscheidenden Unterschied zwischen diesen beiden (dem „believer" und dem „disbeliever") in der individuellen Interpretation eines wahrgenommenen Phänomens. Dies ist eine Einschätzung, die wir gut teilen können: Menschen, die eine Tendenz zu „glauben" haben (nennen wir sie in der Folge der Einfachheit halber Zuschauer des Typs A) stehen vielen „Erklärungen" oder Sachverhalten, die ihnen unbekannt sind, zunächst einmal offen gegenüber. Ob bezüglich dieser neuen Dinge nun konkret der „Beweis" geführt wird oder nicht: Sie akzeptieren häufig zunächst einmal eine Möglichkeit. In ihrer Sicht der Welt haben unbewiesene Dinge dennoch ihren akzeptierten Platz.

Im Kontrast dazu erlaubt sich ein „disbeliever", ein Zweifler, ein offensiver Skeptiker, eine solch offene Grundeinstellung weniger (nennen wir diesen Teil des Publikums im weiteren Zuschauer des Typs B).

Solche Menschen gönnen sich ungern weiße Flecken in ihrer Weltsicht und dementsprechend stehen sie auch Dingen, die sich nicht in ihr System vom Funktionieren der Welt einfügen, mit mehr oder weniger ausgeprägter Ablehnung gegenüber.

Dies bedeutet auch, dass ein Typ B Zuschauer Dingen, die wir ihm im Rahmen einer Präsentation anbieten, automatisch einen Ursache-Wirkungs-Zusammenhang zuordnet, der sich in sein kognitives System einpasst. Ist ihm das nicht möglich, wird er all jene „Erklärungen" eindeutig ablehnen, die seinem System vom Funktionieren der Welt widersprechen. Im besten Fall werden dann scheinbare Zusammenhänge als Zufall deklariert.

Diese Tendenz des B Typen kann erfahrungsgemäß verschiedene Ursachen haben. Eine davon ist zum Beispiel ein Gefühl fehlender situativer Kontrolle, wenn „etwas" geschieht, das nicht nach für ihn nachvollziehbaren Gesetzmäßigkeiten abläuft.

Konfrontieren wir einen solchen Menschen mit „etwas", das nicht seinem Weltbild entspricht, entgleitet die Situation seinem Wunsch nach Verstehen und Kontrolle durch erkennbare Ursache-Wirkungszusammenhänge, worauf er mit Stress und mehr oder minder deutlicher Ablehnung reagiert.

Diese Verhaltenstendenz eines Typ B „disbelievers" begründet John Riggs (Messiah Process, S. 15) schlicht mit „fear". Vielleicht ist „Angst" als Übersetzung ein etwas zu starkes Wort; aber wir könnten stattdessen auch gut „intuitive Besorgnis" sagen:

- Die Angst oder Sorge, vor anderen bloßgestellt zu werden, wenn man etwas glaubt, was sich dann im Nachhinein als nicht der Wahrheit entsprechend herausstellt;
- die Angst oder Sorge, sich durch eine solche Fehleinschätzung womöglich zu blamieren;
- die Angst oder Sorge, das Gesicht zu verlieren und damit dem eigenen Selbstbild nicht gerecht zu werden.

„Certain it is that they hate to be mistaken, or proved wrong. They love to be right!" (John Riggs)

Wenn wir also für eine Phase unserer Performance Mitwirkende benötigen und jemanden auswählen können, der erkennbar offen und unserem Tun zugetan ist, wird die Durchführung mit großer Wahrscheinlichkeit flüssiger und angenehmer sein, als wenn wir es mit einem tendenziell unkooperativen Anwesenden zu tun bekommen. Das ist wohl offensichtlich. Bei diesen eher unkooperativen Anwesenden hat es sich aufgrund der oben erläuterten Zusammenhänge bewährt, ihrem Wunsch nach Bestätigung ihrer Weltsicht so weit wie möglich entgegenzukommen.

Manchmal spielt dieser Aspekt natürlich keine Rolle. Bist Du Jongleur, musst Du Dir darum kaum Gedanken machen. In anderen Fällen ist es nun wieder geradezu unvermeidbar, eine kontroverse Position einzunehmen. Wenn Du beispielsweise einen Vortrag hältst, der ebensolche kontroversen Inhalte zum Thema hat. Dann ist nur interessant, wie Du das verkaufst.

Es gibt aber auch Fälle, in denen es ein wirklich geschickter Schachzug wäre, den Voreingenommenheiten bestimmter Anwesender oder Mitwirkender den Wind aus den Segeln zu nehmen: Denken wir an eine Mentalshow, in der „Gedankenlesen" das Thema ist – und ein Performer stehst einem erklärten und offensiven Skeptiker gegenüber. Eine potenziell unangenehme Situation in diesem Kontext. Denn ein erklärter Skeptiker mag zwar die theatrale Illusion von Zauberei durchaus als ein „Spiel" mittragen – die Unsicherheit bezüglich der „Echtheit" von Demonstrationen im Mentalismus wird für ihn jedoch schwer zu ertragen sein. Sie stellt für ihn eine Provokation dar.

Für die Praxis bedeutet dies, dass ein Performer von Mentaldarbietungen auf einen offensiven Skeptiker (Typ B) sehr genau achten muss und dabei als Provokation zu interpretierenden Signale möglichst vermeiden sollte (siehe „Ran an den Speck – Vermeidung negativer Vorbilder"). Die Alternative wäre für ihn im Rahmen von Effekten, die einer gewisse Kooperation und Offenheit bedürfen, besser von vornherein auf geeignetere Kandidaten zu setzen. Diese Auswahl kann bei entsprechender Erfahrung schlicht dem Augenschein nach erfolgen (routinierte Performer erkennen, wen sie als Mitwirkende rekrutieren und wen sie meiden sollten) oder man trifft eine Entscheidung durch ein unterhaltsames „Selektionsverfahren".

Wie erwähnt ist erfahrungsgemäß der Wunsch zu „verstehen" ein Grundbedürfnis für besonders rationale Menschen. Es gelingt ihnen beispielsweise im Rahmen von Zauber- oder Mentalshows oft nicht, das Gesehene einfach hinzunehmen, es zu genießen und sich ohne weitergehende Sachanalyse darauf einzulassen.

Ein Grund dafür liegt häufig in ihrem ausgeprägten Wunsch nach Kontrolle: Kontrolle des Geschehens, Kontrolle ihrer selbst. Im Umkehrschluss herrscht bei ihnen häufig eine gewisse Sorge vor Kontrollverlust vor. Diese wiederum kann nun solche „Disbeliever" entweder zu unbequemen Menschen im Publikum und unangenehmen Mitwirkenden machen – oder gar zu Anwesenden, die sich dem mutmaßlichen Kontrollverlust aktiv durch Störung der Vorführung zu entziehen versuchen.

Ein gangbarer Weg, mit solchen Menschen umzugehen, ist es, Situationen vorhersehbar für sie zu machen. Dies natürlich nicht in jedem Fall möglich (Überraschungen gehören zum Geschäft), aber wenn es zum Beispiel um den Ablauf einer Performance geht, spricht wenig gegen Transparenz. Letztlich mündet das Bedürfnis nach Kontrolle ohnehin meist in einer Illusion von Kontrolle (illusion of control) seitens der Anwesenden. Menschen überschätzen zumeist ohnehin meist den Einfluss, den sie auf Situationen oder Ereignisse haben; selbst auf solche, die im Grunde offensichtlich zufallsbedingt oder fremdgesteuert sind. Und weil das so ist, wird auch im Rückblick auf eine Situation sehr gerne angenommen, man habe sie selbst in die Richtung gestaltet oder beeinflusst, in die sie sich entwickelt hat. Also: Geben wir potenziell schwierigen Anwesenden zumindest das Gefühl der Kontrolle, geht es ihnen besser und sie sind weniger geneigt, sich auf unerwünschte Weise bemerkbar zu machen.

Lasst uns ein Beispiel geben, wie sich dieser psychologische Effekt im Umgang mit Menschen entsprechender Veranlagung verwerten lässt: Nehmen wir an, wir sind für eine Performance in einem kleineren Kreise von etwa 20–30 Zuschauern gebucht. Und nehmen wir weiter an, dass uns einer der Anwesenden als potenzieller aktiver Störfaktor für eine bestimmte Phase aufgefallen ist.

Was wir in dieser Situation ausnutzen können, ist folgender Erfahrungswert: Wenn eine Person A weiß, dass wir wegen seiner angeblich unsicheren Kooperativität und zweifelhaften Teamfähigkeit durch einen ungenannten Dritten vorgewarnt sind, dann tritt überdurchschnittlich oft und sehr gezielt eine Art Schutzreflex bei A ein – eine Überkompensation in die gegenteilige Richtung. Eine entsprechende Einleitung vorausgesetzt wird A (der mutmaßliche Störer) nun nämlich versuchen, uns vom Gegenteil dessen zu überzeugen, was uns angeblich zugetragen wurde.

Wir könnten also (natürlich subtil und dezent) einem sich in den Vordergrund spielenden Anwesenden A vermitteln, dass wir „von dritter Seite" zugetragen bekommen hätten, er (A) wäre für das, was wir hier demonstrieren wollten, wahrscheinlich kaum geeignet! In einer solchen Situation steht für den Betreffenden die von uns formulierte, angebliche geringe Erwartung an ihn im direkten Gegensatz zu seinem Selbstkonzept. Und die natürliche, intuitive und weitgehend unbewusste Reaktion darauf ist in aller Regel der Wunsch nach dem Beweis des Gegenteils - in diesem Fall also besondere Kooperativität! Diese Reaktion tritt dann besonders stark auf, wenn wir mit Gruppen arbeiten, bei denen die Anwesenden einander offenbar recht gut kennen. Denn dann machen wir uns zugleich gruppendynamische Prozesse zu Nutze, die die Sozialpsychologie beschreibt.

Prinzipiell gibt es in Gruppen, deren Mitglieder miteinander vertraut sind, informelle „Rollen", die die beteiligten Personen innehaben. Rollen, die sich im Laufe der Zeit fast immer so oder in ähnlicher Form herausbilden. Solche Strukturen werden die meisten von euch sicher aus eigener Erfahrung im privaten oder beruflichen Umfeld kennen:

- Es gibt z. B. immer denjenigen, der in einer Gruppe mehr oder weniger eine informelle Führungsrolle ausfüllt, den Stimmungs- oder Meinungsmacher, den, nach dessen Wunsch es immer ein bisschen mehr geht – auch wenn eigentlich alle gleichberechtigt sind. Diese Person könnten wir als instrumental leader und/oder emotional leader bezeichnen.

- Es gibt auch immer jene, die tendenziell eher Mitmacher, Mitläufer oder Zustimmer sind („Genau, das wollte ich auch grad' sagen, …!"), die selten als erste Stellung beziehen und wenn sie ihre Meinung dann nach den anderen Gruppenmitgliedern kundtun, auch eigentlich nie eine von der Mehrheit abweichende Ansicht äußern.

- Darüber hinaus gibt jene, die auf Nachfrage zwar der betreffenden Gruppe angehören, deren An- oder Abwesenheit aber im Normalfall niemand bemerkt; Gruppenmitglieder, die weder im Positiven noch im Negativen wirkliche Beachtung finden („War X bei der Feier am Freitag eigentlich auch da?").

- Und dann gibt es – neben weiteren charakteristischen Rollen – immer auch den „Ablehner": Den „Herausforderer" der informellen Führungsperson (des „Meinungsmachers"). Diese Person akzeptiert aus Prinzip selten bis nie spontan die Ansichten des informellen Leaders und neigt dazu, Vorschläge aus dieser Richtung stets durch ein Alternativangebot infrage zu stellen.

Diese Gruppendynamik zwischen der „Leitperson" einer Gruppe und der Person, die die latenten Herausforderung präsentiert, ist meist nach relativ kurzer Beobachtung einer Gruppe einfach erkennbar – und sie bietet hervorragendes Potenzial, um einem Mitwirkenden Kooperationsbereitschaft zu forcieren. Wenn wir nämlich, wie oben angegeben, einer dieser beiden Gruppenmitglieder zu verstehen geben, die jeweils andere Person hätte Zweifel bezüglich der Eignung für eine Mitwirkung angedeutet, können wir mit einer sehr engagierten Kooperation dieser Person rechnen! Ja, das ist machiavellistisch – wirkt aber.

14.4 Du und Deine Bühne

Bevor Du dieses Kapitel weiterliest, möchten wir, dass Du Dir ein Buch holst. Ein beliebiges anderes Buch mit ca. 300 Seiten oder mehr. Habe es bitte während des Lesens dieses Kapitels unmittelbar zur Hand.

Einstellung
Unserer Überzeugung nach ist das Fundament einer störungsfreien Performance die Sichtweise unseres Publikums auf/von uns. Dies betrifft unsere Akzeptanz als Persönlichkeit ebenso wie als Mensch, der mit bestimmten Kenntnissen, Fähigkeiten und Kompetenzen assoziiert wird.
Eine stimmige und glaubhafte Positionierung ist als Performer bei jeder Art der Präsentation unerlässlich, damit Dir das Gezeigte bzw. Gesagte auch „ab-

genommen" wird. Ist das nicht der Fall, werden diesbezügliche Schwächen zwangsläufig Auswirkungen haben: Denn wenn Dein Publikum Dir das, was Du tust, nicht ab- und Dich damit nicht ernst nimmt, verlieren die Anwesenden den Fokus.

Interessanterweise ist es dabei aus psychologischer Sicht nicht einmal entscheidend, wie exakt zutreffend (beispielsweise im Rahmen eines Vortrags) die vermittelten Informationen sind: Bist *Du* in der Wahrnehmung des Publikums glaubhaft, so sind es auch Deine Aussagen – zumindest solange das, was Du von Dir gibst, nicht vollkommen abwegig ist. Eben dies machen sich im negativen Sinne Populisten zu Nutze. Aber selbst daraus können wir lernen.

Um glaubhaft zu wirken, ist es eine entscheidende Hilfe, selbst an das zu glauben, was wir tun! Wenn wir nicht selbst von uns überzeugt sind, von dem, was wir wissen und können, – wie könnten wir dann der Hoffnung erliegen, *andere* von uns zu überzeugen? Wenn wir nicht selbst an uns zu glauben vermögen, wie sollten es dann andere können?

Fremdwahrnehmung

Unser Selbstbild, unser eigener, unzweifelhafter Glaube an unser Wissen und/oder Können wird von unserem Publikum wahrgenommen. Nicht nur über unsere Worte, sondern auch (oder insbesondere) über das, was wir nonverbal vermitteln.

Über die Frage hinaus, *wie* andere uns wahrnehmen, ist in diesem Zusammenhang auch entscheidend, als *was* die Zuschauer uns sehen:

Wer und *was* sind wir und *warum* können wir, was wir können? *Warum* wissen wir, was wir wissen?

Natürlich gibt es immer Allrounder, die in vielen Bereichen hochkompetent sind. Und doch ist dies die berühmte Ausnahme von der Regel.

Bei welcher Person hättest Du mehr Vertrauen, die sensible Alarmanlage Deines Hauses inspizieren zu lassen und würdest dabei sicher davon ausgehen, dass die Aufgabe bewältigt wird: Beim Hausmeisterservice *„Ich kann alles!"* (Fenster- und Gebäudereinigung, Reparaturen für Haus- und Elektrogeräte aller Art, KFZ-Service) oder bei einem *Fachbetrieb für Sicherheitstechnik*? Wem würdest Du das kostbare Erbstück Deines Großvaters, den LANGE-Chonographen, zur Reinigung anvertrauen und dabei sicher davon ausgehen, dass die Aufgabe bewältigt wird? Dem *„All-in-One"*-Reparaturservice (*„Wir bringen alles zum Laufen: Elektrische und mechanische Haus- und Gartengeräte – Wir reparieren was Sie bringen!"*) oder einem anerkannten Uhrmacher-Meisterbetrieb?

Niemand wirkt glaubwürdig, wenn behauptet wird, auf zig Gebieten hervorragend zu sein. Wenn Du einen verantwortungsvollen Job erledigt haben möchtest, wirst Du wohl grundsätzlich von einem spezialisierten Menschen mit ausgewiesener Expertise und fachlicher Autorität mehr erwarten und mehr Vertrauen in seine Fähigkeiten haben.

Wofür steht die Automarke „BMW"? Wofür „VOLVO" oder „Toyota"? Jede dieser Marken könnte mit Sportlichkeit, Sicherheit, Zuverlässigkeit oder Komfort werben. Alle haben irgendwie immer alles! Dennoch ist die eine Marke „Fahrspaß", während die zweite als der Repräsentant für „Sicherheit" angesehen wird und die dritte jahrelang das Synonym für „Zuverlässigkeit" bezüglich der Pannenstatistik war. Das wird vermittelt, – das „weiß man"!

Wir dürfen zwar alles können und „man" darf das auch glauben, aber die primäre Assoziation mit uns sollte einzigartig sein! Sie sollte spezieller sein als alle anderen! Vertiefter, intensiver, – *spezieller*! Das Vertrauen und der Glaube unseres Publikums in unsere Fähigkeiten sind immer das Startkapital, mit dem wir eine Performance beginnen. Und dies bedeutet in der Konsequenz, dass wir als Spezialistinnen oder Spezialisten mit ausgewiesener Expertise als fachliche Autoritäten auf unserem Gebiet (an-)erkannt werden sollten.

Dies ist eine Grundsatzentscheidung, die es zu treffen und zu verinnerlichen gilt: Glaube an das, was Du kannst – und sei Expertin oder Experte auf diesem Gebiet!

Bild und Auftreten
Wir hatten bereits angesprochen, dass Störungen dann weniger auftreten, wenn wir sympathisch sind und unser Publikum uns mag. Gleichzeitig ist es hilfreich, unsere Expertise zu vermitteln, damit die Anwesenden auch ihren Fokus auf unsere Performance richten und uns das Vermittelte „abnehmen". Dabei ist es jedoch entscheidend, diese Expertise nicht etwa von oben herab zu proklamieren.

> **MERKE**
> Autorität kannst Du Dir nicht nehmen, sie wird Dir vom Publikum verliehen!

Also gilt es, unsere Expertise nicht etwa lautstark und offensiv zu behaupten(dies wäre höchst unsympathisch), sondern sie eher indirekt implizit durch unser Auftreten zu vermitteln. Wie gesagt: Ein solcher Status wird nicht *genommen*, sondern *gegeben*! Er wird von anderen *verliehen*, die uns als Personen mit besonderen Kenntnissen und Fähigkeiten auf einem bestimmten Gebiet (an)erkennen und entsprechend auf uns reagieren.

Übergeordnete Kompetenzen, die wir also verkörpern und die uns bereits im Erstkontakt mit einem potenziellen Publikum zugeschrieben werden sollen (unabhängig von der konkreten Art unserer Performance), sind primär Zugewandtheit, Offenheit, Einfühlungsvermögen (Empathiefähigkeit), ruhige Souveränität und Stärke.

Sobald wir uns im Umfeld anderer Menschen bewegen, finden unmittelbar Interaktionen auf verschiedensten Ebenen statt: Es beginnen kommunikative Prozesse. Dies geschieht nicht nur durch das, was wir sagen, sondern auch oder insbesondere über die vielen non verbalen Kommunikationskanäle. All dies sorgt dafür, dass wir nicht als „Einer", sondern als „Jemand" bzw. „jemand Besonderes" wahrgenommen werden.

So ist es bereits in der unkonkreten, weitläufigen Vorbereitung einer wie auch immer gearteten Performance essenziell, in einer bestimmten Art und Weise gesehen zu werden: als kompetente, überlegte, sensible/einfühlsame, rücksichtsvolle, aber starke Führungspersönlichkeit, die auf ebenso selbstbewusste wie dezente Art und Weise humorvoll und sympathisch ist.

Einen aufdringlichen Klugscheißer, der sich ungefragt in den Vordergrund drängt, assoziiert man mit der Rolle einer akzeptierten Führungspersönlichkeit ebenso wenig wie einen hektischen Komiker oder einen unsichtbaren Konformisten. In diesem Zusammenhang sollten wir uns immer wieder bewusst machen, dass eine führende Rolle verliehen wird und nicht genommen!

Doch wie vermittelt man dieses Bild von sich in ausreichend wahrnehmbarer Art und Weise, ohne dabei aufdringlich, angeberisch und damit unsympathisch zu wirken?

Im Falle einer *formellen* Performance ist die Antwort relativ einfach: Durch die Erwartungshaltung der Zuschauer! Und diese Erwartungshaltung speist sich bereits aus Aspekten des „Hörensagens" über Dich, gegebenenfalls aus den vermittelten Inhalten Deiner Werbung bzw. dessen, was dem Publikum über Dich bekannt ist und dem, was der einzelne Anwesende aufgrund ihrer persönlichen Erfahrungen für ein Bild von Dir oder „einem wie Dir" haben.

In *informellen* Situationen ist der einfachste und funktionalste Weg einer Einstiegspositionierung der erwiesene Respekt durch eine *andere* (vertraute) Person: durch eine Person, die Dich entsprechend einführt und dezent Deine Position, Kompetenz und Expertise bestätigt. Dies ist natürlich deutlich angenehmer, als eine entsprechende Positionierung selbst aktuell herbeiführen zu müssen.

Anforderungen – Aufforderungen
Bei der Vermittlung Deiner kompetenten „Rolle" solltest Du Dir bewusst sein, dass *weniger* in den meisten Fällen *mehr* ist.

Etwas auf Nachfrage dosiert zu verdeutlichen ist sehr viel profitabler (und sympathischer) als ungefragt und penetrant die eigenen Vorzüge anzupreisen. Darüber hinaus ist es entscheidend, dieses „Gefragt-werden" mit Deinem allgemeinen Standing in Einklang zu bringen: So kann beispielsweise in einer informellen Situation trotz einer passenden Positionierung (s. o.) die Situation eintreten, dass Du bezüglich Deiner Kompetenzen in einer für Dich unangemessenen Art und Weise auf- oder gar *heraus*gefordert werden. Bereits dann hättest Du es mit einem Gegenüber zu tun, das nicht als tatsächlich interessiert und wohlmeinend anzusehen ist, sondern eher auf die eigene Selbstdarstellung bedacht.

Wenn Deine Position gefestigt und Dir der Moment passend erscheint, spricht nichts dagegen, einem angemessen geäußerten Wunsch nachzukommen. Hast Du jedoch das Gefühl, mehr mit einer tatsächlichen (Heraus-) Forderung als mit einer interessierten Bitte konfrontiert zu sein, ist das eine ungünstige Ausgangsposition. Denn unser „Job", unsere Rolle, sollte es nicht sein, auf Zuruf zu tun, was beliebige Anwesende Dich zu tun beauftragen. Tätest Du das widerspruchslos, wäre die Rollenverteilung nicht in Deinem Sinne: Du wärst dann untergeordnet und würdest Befehle empfangen, während der andere – oder noch schlimmer *ALLE* anderen – Aufträge erteilen könnten, die Du auszuführen hättest. Du wärst die Jukebox und jeder Anwesende bräuchte nur einen Knopf drücken, damit Du spielst.

Ein so dokumentierter untergeordneter Status wäre das Gegenteil von dem, was wir als funktionale Ausgangsvoraussetzung definiert haben. Die Situation – auch in der Wahrnehmung der Anwesenden – sollte unausgesprochen eher sein, dass Du *gewährst* etwas zu teilen! Denke doch über diesen Satz einmal kurz nach.

Es geht hier um die implizite Vermittlung Deines Werts und des Werts Deiner Performance bzw. Deiner Kompetenzen. Wenn das Publikum im Ganzen ebenso wie die einzelnen Anwesenden diesen Wert für sich (er-)kennen werden sie Dir mit hoher Wahrscheinlichkeit fokussiert und störungsfrei folgen.

Gleichzeitig beinhalten diese Vermittlung Deines Wertes und der Umstand, dass Du selbst entscheidest, Dein Wissen oder Können zu teilen, noch einen weiteren Aspekt: Auf einer Metaebene vermittelst Du die Botschaft:

Wenn wir „spielen", spielen wir hier nach **meinen** Regeln! Hältst Du Dich nicht daran, gibt es kein Spiel!

An dieser Stelle wollen wir abschließend noch einen letzten Gedanken zum Wert unseres Tuns in den Raum stellen: Bedenke, dass ein (in vernünftigem Rahmen) höherer angesetzter *Wert* Deines Könnens in aller Regel auch eine höhere Wert*schätzung* bedingt: ein höheres Ansehen, eine höhere Akzeptanz, eine höhere angenommene, uns zugeschriebene Kompetenz. Und mit einer solchen Entwicklung, einer solchen Annahme hat sich automatisch die oben erwähnte ungünstige Rollenverteilung, die uns selbst als „Befehlsempfänger" positioniert, zu unseren Gunsten verschoben!

Ach ja – die Sache mit dem Buch, das Du Eingangs dieses Kapitels geholt hast! Du hast es noch zur Hand, nicht wahr? Nun, dann kannst Du es jetzt wieder wegstellen. Vielen Dank dafür!

Ist Dir im Nachklang unserer Ausführungen klar geworden, warum Du es geholt hast? Richtig! Weil wir Dich dazu aufgefordert haben; weil wir eine Positionierung haben, die genau dies erlaubt!

Bühne

Wir haben diesen Abschnitt „Bühne" genannt, meinen damit aber nicht zwangsläufig das, was wohl spontan jeder darunter versteht. Wir reden nicht unbedingt von einer Bühne im Sinne eines „Theaterpodiums". Eine Performance kann natürlich auf einer klassischen Bühne geschehen, muss aber nicht. Es gibt viele Bereiche, in denen Du vor oder mit einer Gruppe arbeiten kannst, ohne diese räumlich hervorgehobene Position zu haben – und das bringt ganz eigene Herausforderungen mit sich.

Die klassische Bühne bietet während einer Performance eine Komfortzone. Sie gibt relative Sicherheit, denn sie wird auch vom Publikum als „das Territorium" der Person wahrgenommen, die dort steht. Niemand kann Dir auf der Bühne problemlos in Dein Equipment oder die Requisiten greifen und Du bist optisch abgegrenzt und abgehoben. Eben dies ist letztlich der Sinn einer klassischen Bühne (Visualität).

Was für Performende auf den ersten Blick eine angenehme und vorteilhafte Situation ist, hat aber auch ihre Nachteile. Denn bereits das angesprochene abgehoben Sein im Dienste der Visualität entfernt Dich den Anwesenden – wortwörtlich und im übertragenen Sinne: räumlich, aber auch emotional. Du bist nicht mehr unter ihnen, nicht mehr einer von ihnen.

Der Umstand, dass Du Dich in einer exponierten Situation befindest, ist also einerseits durchaus gewünscht, wird aber andererseits oftmals als wenig intim und vertrauenerweckend wahrgenommen. Leicht ändern lässt sich das, wenn Du als Performer die Komfortzone „Bühne" verlässt und Dich unmittelbar ins Publikum begibst. Sofort hat diese Situation neue und ganz spezifische

Bedingungen: Auf der Vorteilsseite sind zunächst die räumliche und persönliche Nähe offensichtlich. Der direktere Kontakt zu Deinem Publikum bedingt bessere Einschätzungsmöglichkeiten der Anwesenden und die Situation insgesamt wird wohl in den meisten Fällen als deutlich intimer und persönlicher eingeschätzt. Interaktionen zwischen Dir und den Anwesenden sind sehr viel direkter und intensiver.

Eben diese Interaktionsdichte bringt aber auch Nachteile mit sich: So ist beispielsweise die Chance einer unerwünschten Intervention oder einer ungewollten Interaktion mit potenziell störbereiten Anwesenden deutlich erhöht.

Dennoch kann eine Positionierung inmitten des Publikums eine gute Idee sein. Denn abhängig von Deinem grundsätzlichen Standing in der Wahrnehmung der Anwesenden kannst Du Deine „Bühne" auch dorthin mitnehmen, wo Du gerade bist. Die Idee ist also das Mindset: Deine Bühne ist dort, wo DU bist! Denk' mal darüber nach; denn hier hast Du angesprochenen die Vor- und Nachteile einer Bühnenperformance ausbalanciert.

Die Wahrnehmung der Bühne nicht als fixer Ort im Raum, sondern als das direkte Umfeld Deiner Person sollte dann natürlich auch von den Anwesenden so wahrgenommen werden. Nicht im Sinne einer Bühne als Abgrenzung, aber doch als „besonderer Raum" – „Dein" Raum. Wir schaffen also eine virtuelle Bühne, einen virtuellen Raum, in dem nun etwas Besonderes geschieht. Und auf dieser virtuellen Bühne bist Du die Person, die das Geschehen orchestriert. Das ist ein Anrecht, das Dir bei entsprechender Positionierung die Anwesenden zubilligen werden. Erneut: Auch dies ist ein verliehenes Recht, kein genommenes – ebenso wie Autorität gegeben und nicht genommen wird!

Auch in informellen Situationen, in denen also gar keine echte Bühne vorhanden ist, kannst Du eine solche virtuelle gestalten, damit Kompetenz und verliehene Autorität dezent demonstrieren und zugleich Deine Wirkung auf das Publikum praktisch testen, bevor Deine eigentliche Performance überhaupt begonnen hat.

Dies kann beispielsweise über Sitzplatzwahl oder auch die Position der Umstehenden in der Gruppe passieren: Wenn Du Dich mit anderen Menschen im Gespräch an einem Tisch oder in einem Raum befindest, hat üblicherweise jeder seinen Platz. Ob sich dieser Platz aus der Situation heraus ergeben hat, zugeteilt wurde oder die vollkommen freie Wahl der Anwesenden war, ist dabei irrelevant.

In jedem Fall ist es interessant zu sehen, welche Anwesenden sich in der konkreten räumlichen, zeitlichen und personellen Konstellation wohin gesetzt haben. Damit ist nicht in erster Linie „neben wen" gemeint, sondern eher die Position und die Ausrichtung des Sitzplatzes.

Bei vollkommen beliebige Platzwahl haben viele Menschen recht konkrete Vorlieben. Klassen- oder Seminarräumen mit Stuhlreihen füllen sich zum Beispiel gerne von hinten nach vorne. In anderen Situationen wählen viele Menschen, wenn sie die Chance haben, bevorzugt an einen Tisch am Fenster. Wieder andere würden genau dies intuitiv vermeiden, da sie dann mit dem Rücken zum Raum und daher blind zum Geschehen hinter ihnen säßen. Vielen Menschen ist also die „richtige" Sitzplatzwahl wichtig – wenn vielleicht auch nicht bewusst.

Um unsere Positionierung zu testen oder zu zementieren, könnten wir nun an dieser Stelle einfach Anwesende bitten, einen bestimmten anderen Platz einzunehmen. Dabei können wir zugleich ausgewählte Personen aus dem Publikum in (für uns) günstige Positionen dirigieren. Die Frage, was dabei „günstig" ist, kann mit Blick auf die jeweiligen Anwesenden sehr unterschiedlich sein. Eine Person, die wir als potenziell schwierig einstufen (z. B. ein „Leithammel" mit Profilierungsneurose oder auch ein offensiv Störende) können wir wunschgemäß unmittelbar in unserer Nähe positionieren. Wie wir auf der zweiten Stufe unseres 8-Stufen-Modells erläutert haben, kann es als non-verbales und indirektes Signal und Akutmaßnahme hilfreich sein, an Störende heranzutreten, ohne die Störung gezielt zu thematisieren. Mit einem Umsetzen oder Umstellen einer Person erreichen wir das Gleiche, nur dass nicht wir unsere Position wechseln, sondern der oder die Betreffende auf unsere Bitte hin.

In jedem Fall erreichen wir durch eine unmittelbare Nähe zur Zielperson eine deutlich bessere potenzielle Einbindungsmöglichkeit – was sehr viel besser als seine aktive Ausgrenzung. Und zugleich nehmen wir mit einer räumlich nahen Positionierung dieser Person die Option, sich aus der halbversteckten Anonymität der Distanz destruktiv bemerkbar zu machen.

Dabei ist eine Erklärung oder womöglich sogar Rechtfertigung eines Umsetzens oder Umstellens von Personen im Publikum nicht erforderlich. Wenn uns unser Publikum Kompetenz und Autorität zubilligt, wird eine Bitte um eine andere Ordnung im Raum auch befolgt werden, ohne dass eine Erklärung erforderlich wäre: Wir performen – wir machen die Regeln. Setzen oder stellen wir also Personen um und sie folgen einer unbegründeten Aufforderung widerspruchslos, wird unsere Autorität offensichtlich anerkannt.

Auch lässt sich eine solche Maßnahme sehr gut mit gezielten „Spezialaufträgen" kombinieren, um die wir potenzielle Störpersonen bitten wie im Kapitel „SO KANN'S GEH'N" beschrieben: Wenn wir jemandem beispielsweise einen besonderen Beobachtungsauftrag geben, ist es absolut plausibel, diese Person so zu positionieren, dass dieser Auftrag optimal ausgeführt werden kann. Die Zielperson wird also die Positionsänderung nicht weiter hinterfragen und den anderen Anwesenden wird es egal sein.

Im Falle einer bereits eingeführten Situation können wir also mit unserer Performance beginnen, dann jedoch schlicht mit nachdenklichem Gesichtsausdruck kurz unterbrechen und die betreffende Person bitten:

„Würden Sie sich bitte hier herüber setzen …"

… oder im Fall, dass kein einzelner Platz mehr frei ist:

„… oder mit diesem Herrn/dieser Dame die Plätze tauschen?
Macht Ihnen das etwas aus?
Nein? Sehr schön, – vielen Dank!
Ist die Position ok für Sie? Wunderbar!"

Faktisch ändert nun dieses Umsetzen natürlich nur, dass wir das Risiko einer Störung durch den oder die Betreffenden reduzieren – aber das wissen sie natürlich nicht! Gerade wenn wir das Umsetzen mit einem Spezialauftrag verbinden, ist es vollkommen plausibel, nur eine Person und nicht etwa alle Anwesenden umzusetzen. Würden wir mehrere Personen um Platzwechsel bitten, so wäre dies eine Generalmaßnahme und um eine solche geht es uns ja nicht. Wir individualisieren unsere Intervention! Es ist eine ganz bestimmte anwesende Person gemeint. Wir erklären die Gründe auch nicht explizit. Der oder die Betreffende wird sich darüber Gedanken machen und vielleicht Gründe finden – oder auch nicht. Das macht nichts. Dann erzeugen wir eben „Suspense": Den Verdacht eines tieferen Sinns, der sich der Zielperson vielleicht nicht erschließt, der aber der Handlung und den Beteiligten „Wichtigkeit" verleiht.

Wir selbst haben uns damit als Dirigent der Situation etabliert und dem Publikum vermittelt, dass wir sie wahrnehmen; dass wir auch Einzelne wahrnehmen! Das ist in jedem Fall gut. Wir haben in jedem Fall eine aus Sicht der Anwesenden und Beteiligten offensichtlich sehr wichtige Handlung vorgenommen. Und wir haben uns eine virtuelle Bühne geschaffen!

Das funktionier genauso im Geschäftsleben: Stellen wir uns eine typische Besuchssituation von zwei Geschäftspartnern in unseren eigenen Räumlichkeiten vor. Ob es sich dabei um unser Büro, unser Privathaus oder ein Restaurant bzw. ein Café handelt, in dem wir „Heimvorteil" haben, spielt keine Rolle. Jedenfalls erscheinen die Erwarteten und setzen sich. Wir schauen einen kurzen Moment nachdenklich – und bitten einen von beiden sehr freundlich, sich auf einen anderen Platz umzusetzen, auf den wir beiläufig deuten. Dieser Platz darf natürlich nicht „schlechter" sein, nur „anders". Dies tun wir ohne einen weiteren Kommentar!

Wir haben die Situation durch diese kleine Geste sofort sehr „speziell" gemacht. Denn beide befinden sich ab dem Moment des Befolgens unserer Aufforderung trotz unserer freundlichen Zugewandtheit in einer defensiven Position: Wir geben – freundlich, aber eindeutig – die Regeln vor, die die anderen befolgen. Wir tun dies nicht von oben herab, sondern agieren demonstrativ auf Augenhöhe, sind aber dennoch als „Dirigent der Situation" etabliert und akzeptiert.

Überdies werden beide Personen nun zunächst mehr oder weniger bewusst damit beschäftigt sein, sich Gedanken darüber zu machen, warum wir einen von ihnen darum gebeten haben, sich umzusetzen. Eine Erklärung geben wir auch hier nicht; es bleibt das Suspence-Prinzip der vermuteten Sinnhaftigkeit. Eine potenzielle Störperson ist praktisch und gedanklich beschäftigt und damit ein für uns geringeres Risiko.

Teil II

Gesammelte Weisheiten

15

Gesammelte Weisheiten

„Ich lerne sehen. Ich weiß nicht, woran es liegt, es geht alles tiefer in mich ein und bleibt nicht an der Stelle stehen, wo es sonst immer zu Ende war. Ich habe ein Inneres, von dem ich nicht wußte."

Rainer Maria Rilke (1910): Die Aufzeichnungen des Malte Laurids Brigge

In der Folge wirst Du einige wunderbare Gastbeiträge bezüglich unseres Themas finden. Nun gibt es natürlich zahllose Bereiche, in denen man vor Gruppen stehen und mit Störern im Publikum konfrontiert werden kann. Sei es als Seminarleiter, Coach oder Trainer, sei es als Redner, Moderator, Politiker oder Comedian oder in einem der vielen anderen Bereiche, in denen Du vor Menschen performst. Und jeder dieser Bereiche hat seine eigenen Gesetze – seine eigenen Besonderheiten und Eigenarten.

Unserer eigenen Historie entsprechend, haben wir insbesondere einen sehr intensiven Kontakt zu (Bühnen-)Künstlern aus der Zauber- und Mentalkunst. Und auch dieser Bereich hat natürlich seine ganz eigenen Gesetze. Dennoch denken wir, dass die Weisheiten der beteiligten Kollegen und Kolleginnen hier auch leicht generalisiert werden können und sich Vieles mit kleineren Anpassungen gut auf andere Arten der Bühnenperformance übertragen lässt. Vielleicht steckt sogar ein besonderer Mehrwert darin, Lösungsansätze aus einer Kunstform zu studieren, die nicht die eigene ist. Wenn Du als Leser also selbst in diesem Bereich (Zauber- und Mentalkunst) aktiv bist: Good for you! Der Gewinn für Dich wird beim Lesen offensichtlich sein. Bist Du hingegen beispielsweise ein Moderator, Musiker oder Comedian und hast mit der Zauber- und Mentalkunst nichts am Hut, dann überlege Dir, welche der geschilderten Ansätze sich auf Dein Betätigungsfeld übertragen lassen. Inspirierend werden die Beiträge, die wir Dir anbieten können, wohl in jedem Fall sein.

Wir gehen also davon aus, dass Du, in welchem Bereich Du auch immer aktiv bist, auf den folgenden Seiten Geschichten und Informationen findest, die Du auf die eine oder andere Art nutzen und zu Deinen Auftrittsbedingungen und Bedürfnissen passend machen kannst. Im schlechtesten Fall erweitern die Baustellen anderer Deinen Horizont und bereiten Dich auf spezielle Probleme vor, wenn sie denn irgendwann doch mal auftreten.

Unabhängig davon ist unser genereller Rat, bei jeder sich bietenden Gelegenheit mit erfahrenen Kollegen zu sprechen, ihre Auftritte gezielt zu beobachten und von ihnen zu lernen. Und wir möchten wir an dieser Stelle auch noch einmal einen Punkt ansprechen, den wir bereits in den einleitenden Bemerkungen dieses Buches erwähnt haben. Dies ist der Aspekt der unterschiedlichen Stile, die unsere wunderbaren Gastautoren repräsentieren.

Auch wenn es sich hauptsächlich um Zauberkünstler oder Mentalmagier handelt: Unter ihnen sind Close-Up-, Straßen-, Bar-, Restaurant- und Bühnenkünstler im Hinblick auf ihren üblichen Auftrittsort. Und noch interessanter ist ihre Unterschiedlichkeit im Hinblick auf ihre Charaktere, die Bühnenpersönlichkeiten und den ‚Performance Style' im Allgemeinen, den sie repräsentieren. Natürlich resultieren unterschiedliche Bühnenpersönlichkeiten und Stile letztlich aus den verschiedenen Charakteren der Künstler. Und deshalb ist es stets die falsche Entscheidung, zu versuchen, der „Klon" eines anderen zu werden.

Die Persönlichkeit eines anderen zu kopieren, ist immer eine schlechte Idee … denn das kann auf Dauer nur schiefgehen. Glaube uns einfach, wenn wir Dir garantieren, dass Dein Publikum sehr schnell merken wird, ob Du authentisch bist oder nicht – ob Du „Du selbst bist" oder nicht. Sie werden es merken und sie werden darauf reagieren.

Versuche also gar nicht erst, ein anderer zu werden als Du bist – sei Du selbst und freue Dich über Deine Einzigartigkeit! Natürlich wirst Du vielleicht beim Lesen des einen oder anderen unserer Gastbeiträge das Gefühl haben, dass Dir der Ansatz des betreffenden Kollegen persönlich sehr entspricht. Wenn dem wirklich so ist: Hervorragend! Nur vermeide es in jedem Fall dabei ein „Möchte-gern"-[Name] zu werden. Sei Dir Deiner eigenen Persönlichkeit stets bewusst und passe alle direkten oder indirekten Ratschläge, die Du in der Folge bekommst, an Dich selbst, Deinen individuellen Charakter und Dein Naturell als Vorführender an.

Du wirst sehen, dass die Bandbreite von Reaktionsvorschlägen unserer Gastautoren im Umgang mit Störern sehr breit ist. Da sind zum einen Performer, die einen eher temperamentvollen, impulsiven, lustigen und offensiven Umgang mit Störern pflegen, aber auch solche, die eher zurückhaltend, besänftigend und ausgleichend reagieren. Welche Herangehensweise auch immer vorgeschlagen wird und so widersprüchlich diese auch aussehen mögen: Habt im Kopf, dass all dies Beiträge von Kollegen sind, die über Jahrzehnte an professioneller Erfahrung verfügen! Ihre Herangehensweisen mögen verschieden sein, aber sie entsprechen den individuellen Charakteren und ihrem Naturell – deshalb funktionieren sie auch ... für sie!

Wir möchten noch einmal betonen, wie dankbar wir dafür sind, dass so viele brillante Künstler ihre Erfahrungen, Gedanken und Reflektionen so freigiebig mit uns und Euch geteilt haben.

Vielen Dank noch einmal, liebe Freunde – und los geht's, ...

15.1 Störungen auf dem Spielfeld

Marija Kurtes-Pejchar, Schiedsrichterin des Jahres 2014, Behavioural Scientist & Gründerin an der Schnittstelle für KI, Bildung und Verhaltensforschung

Im Fußball gibt es unzählige Störungen – von außen, von innen und manchmal sogar von einem selbst. Schiedsrichter:in zu sein bedeutet, nicht nur über das Regelwerk zu wachen und dem Spielgeschehen zu folgen, sondern auch auf diese Störungen zu reagieren, sie einzuordnen und mit ihnen umzugehen. Was mir am Buch über Störungen besonders gefällt, ist, dass es dazu anregt, zuerst bei sich selbst nachzusehen: Bin ich gerade wirklich neutral? Reagiere ich richtig? Oder lasse ich mich beeinflussen? Erst wenn das geklärt ist, kann man sich auf die äußeren Störungen konzentrieren – und davon gibt es im Fußball reichlich.

Ein gutes Beispiel dafür ist ein Spiel der Ergo-Betriebsmannschaft gegen den FC Schalke. Mit dabei war auch Ivan Rakitić, damals noch als aktiver Spieler. Schon früh fiel er durch eine auffällige Anzahl an Schwalben auf. Nun kann man natürlich spekulieren, ob er das häufiger machte, weil ich als Frau gepfiffen habe und er vielleicht dachte, ich würde schneller auf solche Situationen hereinfallen.

Irgendwann konnte ich mir ein Grinsen nicht verkneifen, als ich an ihm vorbeiging, und sagte auf Kroatisch: „Schade, jetzt muss ich meiner Mutter erzählen, dass du mehr auf dem Boden liegst als spielst." Er verstand den Wink sofort, musste selbst schmunzeln – und siehe da, die Schwalben blieben aus.

Solche Momente zeigen, dass nicht jede Störung mit einer strengen Ansage oder einer Karte beantwortet werden muss. Oft reicht es, die richtigen Worte zu finden – oder einfach abzuwarten. Als Spielpatin agiere ich nämlich nicht autoritär, sondern auf Augenhöhe – ich lenke das Spiel, greife nur ein, wenn es wirklich nötig ist, und fungiere als Stimmungsbarometer. Denn im Fußball weiß man: Der Schlüssel zum guten Spiel ist nicht nur das Einhalten der Regeln, sondern auch das Verstehen der Menschen auf dem Platz.

Im Profifußball gibt es viele bewusst eingesetzte psychologische Tricks: Spieler, die sich fallen lassen, ganze Gruppen, die auf den Schiedsrichter zulaufen, um Entscheidungen zu beeinflussen, oder Trainer, die in der Halbzeitpause versuchen, subtil Druck aufzubauen. Dagegen ist der Amateurfußball oft ehrlicher, direkter und emotionaler – weniger inszeniert, sondern einfach aus dem Moment heraus. Und genau das macht es so besonders und spannend.

Diese Momente, ob taktische Fouls, ein humorvoller Seitenhieb oder authentische, ungestellte Emotionen zeigen: Störungen sind nicht nur Hindernisse, sondern auch (Helfer) Impulse/ Fortschritt! Sie zwingen uns, flexibel zu bleiben, uns neu auszurichten und das Spiel aus einer ganz neuen Perspektive zu erleben. Als Spielpatin sorgt man dafür, dass alle Beteiligten – Spieler, Trainer und Zuschauer – gemeinsam das Beste aus dem Spiel herausholen.

15.2 Kniebeugen

Timon Krause, Mentalist, Autor

Sieh es vor deinem inneren Auge: Spotlight. Dröhnende Musik. Das Finale meiner Show. Eine Sekunde Pause, das Publikum setzt zum Applaus an.

Dann – ein nackter Arsch.

Stille.

Handelt es sich bei dem Anblick, der sich dem Publikum darbietet, um mein eigenes Hinterteil? Leider nein. „Leider", weil ich regelmäßig viele, viele Kniebeugen mache und eine entsprechend ansehnliche Glutealregion vorzuweisen weiß. (Ist es wichtig für dich, diese Information zu haben? Nicht im geringsten.) Das sich dem Publikum im Spotlight präsentierende Sitzfleisch gehört also nicht mir, sondern einer Zuschauerin, welche sich im Kreise ihrer Freundinnen bereits den gesamten Abend über als relativ (will sagen: sehr) unangenehm entpuppt hat. Ich weiß nicht mehr viel über sie, bloß dass sie mit Sicherheit ein oder zehn Bier zu viel intus gehabt hat. Diesen Fakt hat sie dem gesamten Saal immer wieder mit grölenden Zwischenrufen zu vermitteln verstanden. Sie war also – kein Zweifel – ein klassischer „Heckler", also eine Störerin. Hatte ich sie auch immer wieder sanft zu deckeln gewusst, so schaukelte sich ihre Unterbrechenslust doch über den Abend hinweg immer weiter gen Theaterdecke. Worin das kulminierte, hast du oben bereits gelesen: in einem Moment persönlicher Unachtsamkeit stürmte sie die Bühne und entblößte mit an Euphorie grenzender Freude ihre Kehrseite vor rund eintausend nichts ahnenden Augenpaaren.

Ich wünschte, ich könnte an dieser Stelle mit einer besonders cleveren Reaktion meinerseits angeben. Wie habe ich in Wirklichkeit reagiert? So wie ich auf die allermeisten Störenfriede reagiere: minimal oder im Idealfall überhaupt gar nicht. Das hat zweierlei Grund: einen internen, einen externen.

Der interne Grund ist, dass ich für mich selbst entschieden habe, dass ich nicht die Konfrontation gehen möchte. Zum einen weiß ich nämlich, dass mir das zu viel Energie in der Performance klaut, zum anderen bin ich mir der Tatsache bewusst, dass ich kein überragend komischer Improvisator bin.

(Letzteres trifft im Übrigen auf viele von uns zu – häufig aber vor allem auf jene, die sich besonders überzeugt von ihrer eigenen Witzigkeit zeigen. Die schlechte Nachricht ist nämlich: Wir sind ernüchternd schlecht darin, unseren eigenen Humor einzuschätzen sowie furchteinflößend gut darin, jedwede Publikumsreaktion als ein Lob unserer komödiantischen Geisthaftigkeit zu interpretieren, statt als das, was es meist ist: die Erfüllung sozialer Konventionen sowie eine Spannungsentladung auf psychologischer Ebene. Die gute Nachricht: Humor, Selbstreflexion und Spontanität lassen sich lernen und üben.)

Der externe Grund für meine minimalen Reaktionen auf Heckler ist, dass es mit einer einzigen Reaktion meist nicht getan ist. Dem Heckler geht es um das Spiel: Desto länger der Schlagabtausch währt, umso mehr wähnt er sich in seiner Rolle als Klassenclown bestätigt. Es ist und bleibt demnach das alte Muster – wird nicht reagiert, so bringt sein Handeln dem etwaigen Schelm nicht länger Freude.

Was aber, wenn eine Reaktion sich nicht vermeiden lässt? Ich ziehe es vor, mit dem Mindestmaß zu arbeiten. Zum einen auch hier wieder, um dem Störenfried keine unverdiente Bestätigung zu gewähren, zum anderen aber auch, weil nicht vergessen werden darf, dass ein störender Zuschauer trotz allem ein Teil des Publikums ist. Heißt: Wende ich mich mit zu großer Härte gegen den Heckler, so wendet sich gegebenenfalls das Publikum gegen mich. Ich umgehe diesen Umstand, indem ich extrem störhaften Menschen eine Art verbaler gelbe Karte ausspiele; immer freundlich, aber bestimmt (und nie als Frage: Ich möchte bewusst keine Reaktion einladen). Diese Warnung mag in etwa so aussehen:

„Danke für deinen Input, ich freu mich über deinen Elan – jetzt wäre es aber auch schön, wenn das restliche Publikum und ich die Show einigermaßen ungestört fortsetzen können."

Hier vollziehe ich eine klare Abgrenzung: das Publikum und ich auf der einen, der Heckler auf der anderen Seite. Es wird eine soziale Drohung impliziert: Machst du so weiter, so verstößt du dich selbst aus der Gruppe. Zugleich wird den übrigen Menschen bewusst gemacht, dass alle weiteren verbalen Kontras meinerseits (handele es sich dabei nun um schnippische Kommentare, deutlichere Zurechtweisungen wie ein „Jetzt-ists-langsam-mal-gut" oder gar die Bitte an das Team, den Heckler des Saales zu verweisen) einzig und allein ihnen zuliebe ausgesprochen werden.

Im oben beschriebenen Vorfall gab es alle Vorwarnungen meinerseits, welche die Störerin letztlich mit Stille quittierte, bloß um zuletzt noch einmal unerwartet ihre Chance zu ergreifen. Mein Techniker reagierte zügig und drehte die Bühnenbeleuchtung auf ihrer Position ab, das Publikum war auf meiner Seite und gab alleinig verärgerte Stille von sich. Die Dame wurde mitsamt ihrem verlängerten Rücken von der Security flott und ohne Diskussion des Saales verwiesen und ich setzte nach kurzer Entschuldigung an das Publikum schlichtweg mit neuerlichem Schwung zum großen Finale an.

as ist nun die Lektion des Ganzen? Tja – vermutlich so etwas wie „kenne dich selbst" (um einzuschätzen, welcher Umgang für dich gut funktioniert) und „verstehe den Störer" (um zu wissen, welche Formulierungen weshalb wohl oder nicht funktionieren).

Zweierlei sei noch gesagt.

Erstens: Ich habe absolut nichts gegen Zwischenrufe oder Kommentare aus dem Publikum einzuwenden – je nach Performance ermutige ich die Menschen sogar dazu. Meine künstlerische Grenze wird allerdings überschritten, sobald jemand um des Störens willen stört und die Aufführung darunter leidet. Als Gastgeber des Abends ist und bleibt es meine Verantwortung, dem Publikum eine exzellente Darbietung zu gewähren.

weitens: einmal las ich den Ratschlag, Störern mit physischer Gewalt entgegenzutreten, am besten so, dass das Publikum es nicht wahrnehme – etwa durch einen starken (lies: brutalen) Griff am Handgelenk oder einen subtilen Tritt auf den Fuß. Das ist nicht nur überaus dumm (wer weiß zum Beispiel, welche Vorverletzungen vorhanden sind und welche Konsequenzen ein solches Handeln demnach nach sich ziehen mag?), sondern zeugt auch von charakterlicher Schwäche und mangelnder Kontrolle über die Darbietung. Wer von physischer Gewalt jedweder Art an seinem Publikum Gebrauch macht, hat besagtes Publikum nicht verdient.

In diesem Sinne – ich geh' Kniebeugen machen.

15.3 Die beängstigendste Person im Publikum

Dr. Bill Cushman, klinischer Psychologe im Ruhestand und Zauberkünstler aus Südflorida

Als ich gebeten wurde, etwas zu diesem Buch beizusteuern, fragte ich mich, ob ich wirklich etwas Hilfreiches zu bieten hätte. Während der letzten Jahre beglückte ich nämlich mehrheitlich Patienten, die ich ambulant behandelte, mit meiner Kunst. Außerdem würze ich meine Vorträge, welche ich regelmäßig für Mitarbeiter von Krankenhäusern halte, mit kleinen Mentalkunststücken.

Irgendwann kam mir eine Idee. Es gibt da durchaus etwas, das ich schon immer mit anderen Bühnen-Menschen teilen wollte und worüber es sich lohnt nachzudenken. Ich habe das, was ich Ihnen heute mitteilen möchte, schon immer als außerordentlich nützlich angesehen. Etwas, das mir im wahrsten Sinne des Wortes schon mehrmals das Leben gerettet hat und von dem ich glaube, dass es in der Tat Parallelen zur Thematik „Umgang mit Störern" aufzuweisen hat. Dies ist also mein heimlicher Versuch, diese Information unter meinen Künstlerkollegen und Kolleginnen zu verbreiten.

Je mehr ich über das Thema nachdachte, desto mehr ist mir selbst klar geworden, dass das, worüber ich schreiben will, wirklich gleichermaßen nützlich für alle möglichen Performer sein kann. Zuerst dachte ich nämlich, dass das Ganze nur für einige wenige hilfreich sei. Aber inzwischen bin ich der festen Überzeugung, dass diese Informationen für jeden Bühnenkünstler von allergrößtem Nutzen sein werden.

Um jetzt aber mal auf den Punkt zu kommen: Im Titel meines Beitrages ist bereits das Wichtigste gesagt. Eigentlich müsste es der Vollständigkeit halber heißen:

> „Der beängstigendste Mensch im Publikum …
> … ist zugleich der ängstlichste."

Und das war es dann eigentlich auch schon: Behalten Sie diese Aussage im Kopf. Denn damit wäre meine Arbeit eigentlich bereits erledigt – mehr brauchen Sie im Grunde nicht zu wissen.

In Ordnung, ich denke, ein wenig mehr Erläuterung ist wohl angebracht. Aber eben nur ein wenig! Denn ich habe mir vorgenommen, mich wenigstens einmal im Leben kurz zu fassen. Die Erkenntnis, dass der beängstigendste

Mensch bzw. die furchteinflößendste Person im Raum zugleich die ängstlichste ist, hat mir, wie gesagt das Leben gerettet. Und wie Sie dieses Wissen anwenden, dies ist die eigentliche Kunst.

Ich habe viele Jahre Gruppentherapien mit gewalttätigen Straftätern geleitet. In dieser Zeit hat sich mir dieses Wissen offenbart. Ich habe gründlich gelernt, wie ich am besten mit Bedrohungen umgehe. Wenn ich „Straftäter" sage, meine ich zum Tode Verurteilte, Kinderschänder, Vergewaltiger, Mörder – Gangster aller Art.

Einer davon wurde mir während meiner beruflichen Episode als Gefängnispsychologe als Patient anvertraut. Er hatte seinem Opfer den Kopf abgeschnitten. Auf den ersten Blick war er eigentlich ein recht angenehmer Zeitgenosse. Im Grunde genommen waren die meisten der oben genannten Straftäter sehr viel freundlicher zu mir, als man es in Anbetracht ihrer Taten vielleicht erwarten würde. Einige wenige jedoch wurden sehr bedrohlich, – aber das gehört zu meinem Berufsrisiko.

Meistens wurde die Situation in dem Moment bedrohlich, wenn ich diese Patienten dazu brachte, sich ihren eigenen Emotionen zu stellen und sich mit sich selbst zu konfrontieren. Oder wenn sie glaubten, sie müssten ihren Gruppenkollegen zeigen, dass sie richtig harte und coole Jungs sind. Oder gerne auch beides gleichzeitig. Kurz gesagt: Sie müssen wissen, dass gerade diese Personen am meisten Angst vor Ihnen haben. Denn sie haben am meisten zu verlieren – das Bild, das sie nach außen abgeben möchten. Den Umstand, dass gerade diese Personen mutmaßlich die meiste Angst vor ihnen haben, dürfen Sie jedoch niemals offen aussprechen und auf gar keinen Fall, wenn Sie einer akuten Bedrohungslage gegenüberstehen. Denn dann wird die Situation mit Sicherheit eskalieren.

Das Letzte, was Sie tun sollten, ist, in einer bedrohlichen Situation den anderen herauszufordern – und sei es nur verbal. Die Wahrscheinlichkeit ist dann zu groß, dass die Situation eskaliert. Ich weiß natürlich, dass einige Performer es genau darauf anlegen. Dann aber in aller Regel auf humorvolle Art und Weise und in einem gewaltfreien Kontext.

Natürlich gilt das alles nicht für Zwischenrufer, die problemlos mit einem witzigen Wortgefecht zur Ruhe gebracht werden können und die damit vielleicht sogar zum Unterhaltungswert Ihrer Show beitragen können. Für bestimmte Typen von Bühnenkünstlern kann es unter Umständen durch einen Störer gefährlicher werden als für andere. Um Ihnen besser verständlich zu machen, mit welcher Art von schwierigen Zuschauern Sie irgendwann zu tun haben könnten, lassen Sie mich meinen Freund, den großartigen John Riggs zitieren:

„... und dann begeben Sie sich auf eine manchmal gefährliche Reise: Da sind Zuschauer, die das Gesehene nachprüfen wollen, Angriffe von skeptischen Entlarvern, Verfluchungen von fanatischen religiösen Eiferern und manchmal sogar die gar nicht willkommene Aufmerksamkeit von ernsthaft gefährlichen Geisteskranken."

Diejenigen Anwesenden, die mit rhetorischem Geschick andere Zuschauer auf ihre Seite schlagen können, verdienen Ihre besondere Aufmerksamkeit. Anderenfalls könnte es passieren, dass Sie sich in kürzester Zeit einem wütenden Mob gegenübersehen, der Sie, den bösen Hexer mit Mistgabeln aus dem Dorf treiben will. Lassen Sie mich hierzu ein Beispiel aufzeigen. Beim Besuch der Show eines weltbekannten Mentalisten wurde mir klar, wie wertvoll meine eingangs vorgestellte Erkenntnis für alle Performer sein kann. Ich werde hier den Namen des betreffenden Kollegen nicht nennen. Denn was hier passiert ist, ist absolut ungewöhnlich für diesen Künstler, den ich sehr verehre, für überaus talentiert halte und der mir außerdem ein guter Freund geworden ist.

Die Nummer, die er zeigte, hatte ich bei einer seiner früheren Shows bereits gesehen. Der Ablauf war damals auch nicht ganz unproblematisch, aber bei weitem nicht so katastrophal wie dieses Mal.

Lassen Sie mich besagten Künstler hier „Stanton" nennen, denn in letzter Zeit bin ich zu einem großen Fan des Werkes Nightmare Alley von William Lindsay Gresham geworden (sowohl vom Film, dem Roman und dem Hörbuch: Alles sehr zu empfehlen). Im wirklichen Leben ist mein Freund ein echter Gentleman und sein Stil sowie sein reales Verhalten sind das absolute Gegenteil zu dem seiner Bühnenfigur.

Er war gerade bei der Einleitung zu seiner Blindfold-Präsentation. Wenn ich heute über das damals Erlebte nachdenke, kann ich mit Gewissheit sagen, dass das folgende Vorkommnis fast allen Künstlern unseres Faches hätte geschehen können. Seien es Hardcore-Mentalisten, Gedankenleser, Mentalmagier oder sogar Zauberer – denn viele führen früher oder später Effekte mit verbundenen Augen vor.

Stanton fragte, ob Ärzte im Publikum seien. Er plänkelte ein wenig mit den Zuschauern, deren Hände nach oben gegangen waren, herum, bevor er zwei von ihnen bat, auf die Bühne zu kommen. Von hier an ging Etliches schief, was aber zu diesem Zeitpunkt – zumindest aus seiner Perspektive – noch nicht abzusehen war. Denn einer der Herren Doktoren war (vorab nur im Zuschauerraum erkennbar) offensichtlich angetrunken. Aber er war gut drauf und obwohl er ein klein wenig versuchte, noch von seinem Platz im Zuschauerraum aus dem Künstler die Show zu stehlen, durfte er auf die Bühne kommen. Der andere Arzt war übrigens der vollkommene Inbegriff der Freundlichkeit und Gutmütigkeit.

Sobald beide auf der Bühne waren, machte der angetrunkene Arzt mit seinen verbalen Sticheleien weiter, während der andere einfach nur peinlich berührt danebenstand. Stanton versuchte der ganzen Situation mit Humor zu begegnen, aber der beschwipste Doktor hatte es offenbar wirklich auf ihn abgesehen. Richtig übel wurde es, als das übliche Ritual mit den Münzen, den Klebestreifen und der Augenbinde begann. Unser Arzt Nummer 1 übte beim Anlegen weitaus mehr Druck auf die Klebestreifen aus als notwendig, um Stanton die Augen zu verkleben. Stanton bat ihn mit Nachdruck, sich anständig zu verhalten und wurde immer ärgerlicher.

Man merkte es an seiner Stimme und sah es auch an seiner körperlichen Anspannung. Wenn Blicke töten könnten, wäre der alkoholisierte Arzt sicher tot umgefallen. Aber Stantons Augen waren ja bereits verschlossen, von daher war der Doktor vor seinen Blicken einstweilen sicher. Dem Arzt hingegen schien es geradezu sadistische Lust zu bereiten, mit den Daumen durch die Klebestreifen auf Stantons Augen herumzudrücken. Die ganze Situation eskalierte, als Stanton seine Contenance verlor, die Handgelenke des Arztes ergriff und ihn dazu zwang, von seinen Augen abzulassen. Richtigerweise ließ Stanton ihn dann vom Sicherheitspersonal von der Bühne entfernen. Als Vollprofi überspielte er den Vorfall geschickt und fuhr mit seiner Show fort.

Ich hoffe, dass ich niemals in eine ähnliche Situation komme, denn ich wüsste nicht, was ich tun würde. Auf alle Fälle ist dies für mich ein gutes Beispiel, bei dem ein früheres Eingreifen eine Menge Ärger erspart hätte und außerdem Stanton nicht aus seiner Rolle des mystischen Gedankenlesers hätte fallen müssen. In dem Moment, in dem Sie also realisieren, dass Sie es mit jemandem zu tun haben, der Spaß daran hat, Sie bloßzustellen oder zu beleidigen, sollte Ihnen zugleich bewusst werden, dass Sie es mit jemandem zu tun haben, der sich vor Ihnen fürchtet.

In dieser Situation bleibt Ihnen im Grunde nur ein einziger Ausweg – aber ein sehr wirkungsvoller: Führen Sie sich diese Erkenntnis intensiv vor Augen! Sie müssen WISSEN, dass diese Person vor Ihnen Angst hat. Sie müssen dieses Wissen völlig verinnerlichen, – was zugegebenermaßen nicht immer ganz einfach ist.

Zunächst einmal müssen Sie mir dies einfach glauben. Ich habe hier weder die Möglichkeit noch den Anspruch, Ihnen genauestens und in allen Details darzulegen, warum die furchterregendste Person im Raum zugleich auch die ängstlichste ist. Ich hoffe, dass die Leser hier die entsprechenden Querverbindungen ziehen können oder mir wenigstens blind vertrauen und mir Glauben schenken können. Eigentlich ist das schon alles, was ich zu dem

Thema zu sagen habe. Aber ich möchte noch erläutern, warum ich davon überzeugt bin, dass diese Technik im Allgemeinen und ebenso bei Ihnen im Speziellen funktioniert: Sobald Sie wissen, dass der andere sich gerade fürchtet (und das vor allem vor Ihnen), verändert sich automatisch Ihre non-verbale Kommunikation. Ich bin sicher, Stanton hätte mit diesem Wissen früher und besser reagieren können. Sobald Sie mit dieser tief gefühlten Überzeugung auftreten, werden dies Ihre Kommunikationspartner (also auch Ihr Publikum) unterbewusst wahrnehmen.

Da diese Herangehensweise in meinem speziellen Fall sogar bei gewalttätigen Psychopathen funktioniert, bin ich sehr zuversichtlich, dass das Ganze auch bei jener hoffentlich weniger gestörten Person wirken wird, die vielleicht Ihre Darbietung aufmischen möchte. Und ich bin noch zuversichtlicher, falls Sie jemals in eine Bedrohungssituation kommen, weil jemand Sie beispielsweise aufgrund Ihrer „übersinnlichen Fähigkeiten" für einen Handlanger des Teufels hält. Oder auch weil man mutmaßt, Sie würden sich mit Ihrem Tun gegen die Bibel stellen. Glauben Sie mir, der furchteinflößendste aus der Reihe Ihrer Kritiker ist der mit der meisten Angst – es ist sehr gut möglich, dass Sie mir für diese Erkenntnis irgendwann einmal dankbar sein werden.

Falls Sie sich wirklich eines Tages einer realen Bedrohung gegenüberstehen, ist es keineswegs einfach, die hier erklärte Technik umzusetzen. Unsere Psyche schaltet dann normalerweise sofort in den Kampf- oder Fluchtmodus, so wie es die Natur vorgesehen hat. Dieses können Sie jedoch bis zu einem gewissen Punkt steuern. Und ich bin sicher, dass die allermeisten Mentalisten und Magier dies auch beherrschen. Viele Performer versuchen, sich vor einem Auftritt zu „erden" und haben Rituale entwickelt, um sich selbst zu fokussieren und zu beruhigen. Die richtige „Erdung" und Fokussierung auf die Show sind beides sehr nützliche Dinge. Allerdings kann es schnell mit der Konzentration vorbei sein, wenn Sie sich mit einem böswilligen Störer konfrontiert sehen und Ihr Fluchtinstinkt Alarm schlägt. Egal wie gut Sie sich mental vorbereitet haben: Es kann passieren, dass Sie unruhig und panisch werden, wenn etwas Unvorhergesehenes passiert.

Und das ist Ihr gutes Recht: Wir sind schließlich alle nur Menschen. Sich „einfach" daran zu erinnern, dass Sie es mit einer ängstlichen Person zu tun haben und dieses Wissen dann in dieser Situation richtig zu verinnerlichen, bis Sie die Angst des anderen auch richtig spüren können, ist das Einzige, was ich Ihnen raten kann. Und ich habe schon oft erlebt, dass genau dies das Allerwichtigste war, um eine bedrohliche Situation zu entschärfen.

Ich gehe fest davon aus, dass die Mentalisten unter Ihnen um die veränderte Wirkung auf andere wissen, wenn man seine nonverbale Kommunikation modifiziert. Feinheiten in der Wahrnehmung können das Verhalten und die Entscheidungen eines Menschen komplett verändern. Einige Leser haben sicher schon Erfahrung damit und dieses wertvolle Element der Kommunikation schätzen gelernt.

Bei einigen Menschen gibt es tatsächlich subtile Anzeichen, an denen Sie erkennen können, dass sich jemand wirklich fürchtet. Diese eindeutigen Angstsignale sind zwar nicht unbedingt stets deutlich zu erkennen. Aber interessanterweise können sie diese Signale vor allem bei Personen finden, von denen Sie spontan glauben, sie seien völlig von sich eingenommen, möchten immer im Mittelpunkt stehen und seien besserwisserisch. Also mit anderen Worten: Der typische Störer.

Wenn Sie also erkennen, dass die wahre Natur dieser Menschen genau gegensätzlich ist und Sie diese Erkenntnis für sich als unumstößlich annehmen, dann kann eine Situation völlig zu Ihrem Vorteil verändert werden. In meinen Gesprächsgruppen habe ich viele von diesen Menschen kennengelernt. Und mein Wissen über die wahre Natur dieser Personen hat mir sehr geholfen, die Kontrolle über die Gruppendynamik nicht zu verlieren. Meine Herangehensweise war für alle Beteiligten weitaus zuträglicher als die andere Person womöglich vorsätzlich und bewusst mit ihrem stark eingeschränkten Selbstbewusstsein zu konfrontieren. Hätte ich meinen eigenen Ängsten nachgegeben oder wäre zum verbalen Gegenangriff übergegangen, wäre so manche Situation ganz sicher eskaliert.

Eine Person, die uns Angst macht, fürchtet sich vor uns. Seien Sie sich dessen sicher. Eine Person, die sich angegriffen fühlt, geht über zum Gegenangriff. Versuchen Sie aus dieser Zwickmühle zu entkommen, dann werden auch Sie Situationen mit Störern und Zwischenrufern erfolgreich entschärfen.

Und ich verlasse jetzt Bühne.

15.4 Das Hackbrett

Dr. Bianca Stücker, Musikerin, Autorin, Tänzerin und Tätowiererin

Man kann guten Gewissens festhalten, dass ich schon sehr häufig beim Vortragen gestört worden bin, aber wenn ich mich zurücksentsinne, eher seltener von Menschen, öfter von allgemeinen Einwirkungen aus der Umgebung. Darum habe ich mir die menschlichen Störungen genau gemerkt. Einmal wollte ein Interessierter mit mir während eines Konzerts über das Hackbrett, ein Musikinstrument, sprechen. Das Hackbrett erstaunte und gefiel ihm, sodass er sich direkt bei der einzigen ihm sachverständig erscheinenden Person, nämlich mir, die das Ungetüm, das ab und an mit „Haha, ein großer Eierschneider!" verunglimpft wird, bediente, und zwar ganz aktuell bediente und nebenbei eigentlich auch noch etwas zu singen hatte, doch das alles hielt ihn nicht davon ab, sich entschlossen seiner Fragen zu entledigen. Ich meine mich zu erinnern, dass ich sogar Antwort gab. Es handelte sich vermutlich um ein kleines, ein sogenanntes intimes Konzert, bei dem das Publikum nah herankam an die Akteure; das ist meistens schön, manchmal aber auch riskant, wie in diesem Fall. Ich meine mich ferner zu erinnern, ihn höflich darauf hingewiesen zu haben, dass ich gerade zu tun hätte mit dem Lied und so weiter, und dass er, der hartnäckige Gast, sich zunächst nicht damit hatte zufriedengeben wollen, ja vielmehr weiter nachgehakt hatte, bis er sich schließlich zurückzog, soweit das in der vermutet eher engeren Räumlichkeit möglich war.

Jedenfalls: Die Sache hatte mich nicht sonderlich aus dem Konzept gebracht, ich bin ein kommunikativer Mensch, der die meisten Gesprächsgelegenheiten gern nutzt, und Multitasking kann ich auch, wenn es ums Reden geht; Reden kann ich bei fast allem gleichzeitig, außer Reden und Singen, das geht natürlich schlecht oder erfordert ganz spezielle Talente, weshalb ich die Hackbrettunterhaltung für meine Verhältnisse recht robust hatte beenden müssen.

Aber aus dem Konzept gebracht hatte mich die Sache nicht. Vielleicht liegt es an der Gewöhnung. Ich habe als Künstlerin klein angefangen und auch klein weitergemacht, und das bringt leider gewisse Entbehrungen auf dem Luxusgebiet mit sich, so zum Beispiel eine fehlende Crew, fehlende Tourbusse, fehlende Manager, die einem die Wünsche von den Augen ablesen. Das ist schade. Doch hat es mich abgehärtet gegen Störungen aller Art: ausfallende Mikrofone, abfallende Kostümteile, allgemeine Verheddungen in Kabeln, vergessene Schminke, widerspenstige Technik, die Abwesenheit von Monitorsound, Sand (Konzert an der Ostsee), Feuchtigkeit (Konzert in der Tropfsteinhöhle), Schlamm, Schlick, Sturm. Staub. Regen. Gewitter.

Einmal jedoch habe ich mich tatsächlich aus dem Konzept bringen lassen. Und zwar durch eine ehemalige Mitmusikerin. Wir hatten zu jener Zeit die Gewohnheit, am Ende des Programms a cappella zu singen, nachdem wir zuvor verschiedene Tanzdarbietungen aufgeführt hatten, und da es sich um eine orientalisch inspirierte Tanzart handelte, trugen wir in erster Linie glitzernde BHs. Vor dem A cappella-Beitrag sagte die ehemalige Mitmusikerin ohne Vorwarnung laut und deutlich in ihr Mikrofon: „So. Und jetzt macht ihr mal alle die Augen zu, damit ihr nicht so abgelenkt seid!" Vor Scham wäre mir beinahe der Text entfallen. Doch ich hielt durch. Eigentümlicherweise versang nicht ich, sondern sie sich daraufhin, was aber niemandem außer uns selbst aufgefallen wäre, denn wir waren mehrere Leute, die alle gleichzeitig ein Lied auf Arabisch sangen, das den meisten Gästen mindestens spanisch, wenn nicht gar vollkommen fremdartig vorgekommen sein muss, doch die ehemalige Mitmusikerin zögerte nicht, im Anschluss zu trompeten: „Ihr habt ja gemerkt, dass ich mich an einer Stelle vertan habe. Darum singen wir das jetzt einfach noch mal!"

Wenig später trennten sich unsere Wege. Sie ist ein grundsätzlich netter Mensch, wie ich an dieser Stelle betonen möchte, aber wir haben sehr unterschiedliche Vorstellungen davon, was den jeweils anderen bei einem Auftritt stört.

15.5 Autorität erzeugen und Grenzen setzen

Dr. Todd Landman, Professor für Politikwissenschaft und Forschungsdirektor des Rights Lab an der Universität Nottingham, Zauberkünstler

Meine wichtigste Herangehensweise im Umgang mit Störern liegt darin, eine Atmosphäre zu schaffen, in der Störungen kaum eine Chance haben. Dazu gehört, bereits zu Beginn der Vorstellung eine klare Autorität aufzubauen und Grenzen in der Interaktion zu definieren. Um das zu verdeutlichen, möchte ich beschreiben, wie ich mich als akademischer Magier positioniere, und was ich aus Lehre, Bühne und Erfahrung über Autorität gelernt habe.

Zwischen Lehrsaal und Bühne

Ich bin Politikwissenschaftler, spezialisiert auf Demokratie und Menschenrechte. Neben meiner akademischen Laufbahn habe ich mich intensiv mit westlicher Esoterik, Hermetik, Alchemie und Mentalmagie beschäftigt. Meine Erfahrungen als Dozent und Bühnenkünstler fließen auf natürliche Weise ineinander. Was ich über Rhetorik, Dramaturgie und Gruppendynamik gelernt habe, hilft mir, sowohl im Hörsaal als auch auf der Bühne souverän aufzutreten.

In über zwanzig Jahren Hochschullehre – weltweit, von kleinen Seminaren bis zu Vorlesungen vor 400 Personen – habe ich eine Unterrichtsform entwickelt, die auf Interaktion, Respekt und Autorität basiert. Ich gestalte Lernprozesse organisch und dialogisch. Mit klaren Regeln, aber offenem Geist. Diese Haltung übertrage ich auch auf meine Shows.

Meine wichtigste Erkenntnis: Wer spricht, muss etwas zu sagen haben. Wer Aufmerksamkeit will, muss selbst präsent sein. Und wer unterrichten oder zaubern will, sollte beides können: führen und zuhören.

Die Lektion der „schwierigen Kunden"

In meinen Anfängen als Dozent wurde ich regelmäßig mit jungen Männern konfrontiert, die sich durch coole Lässigkeit und demonstratives Desinteresse hervortaten. Sie saßen in der letzten Reihe, kauten Tabak, trugen ihre Mützen verkehrt herum und hielten sich für unantastbar. Anfangs empfand ich diese

Konstellation als Bedrohung. Doch ich lernte, ihren Widerstand als kreative Herausforderung zu begreifen.

Meine Strategie: Ich arbeitete mit ihnen. Nicht gegen sie. Ihre Motivation war letztlich simpel: Sie wollten ihren Abschluss schaffen. Ich nutzte diesen Hebel, um gemeinsame Ziele zu definieren und dabei zugleich meine Autorität zu behaupten. Diese Haltung lässt sich direkt auf die Bühne übertragen: Ich erinnere mich daran, dass das Publikum mir grundsätzlich wohlgesonnen ist, solange ich ihm ein Angebot mache, das spannend, klar und respektvoll ist.

Kompetenz sichtbar machen
Ein weiteres Schlüsselelement im Umgang mit Störungen ist Fachkompetenz verbunden mit echter Begeisterung. Ich halte es nicht für ausreichend, einfach Stoff zu vermitteln. Ich will zeigen, warum Wissen oder ein Effekt Bedeutung hat. Ich will eine Haltung vermitteln. Wenn ich über ein Thema oder einen magischen Effekt spreche, dann mit Klarheit, Leidenschaft und Präsenz. Dadurch entsteht Autorität, die nicht autoritär ist sondern magnetisch.

Ich betrete jeden Raum mit dem Anspruch, jemand zu sein, dem man gerne zuhört. Nicht, weil man muss, sondern weil man will. Oft bekomme ich danach das Feedback: „Ich könnte Ihnen stundenlang zuhören!" Das freut mich, aber das ist kein Zufall. Es ist das Ergebnis eines ganzheitlichen Ansatzes: Stimme, Körpersprache, Blickkontakt, Timing, Ernsthaftigkeit und ein Hauch Humor.

Strategie 1: Mitten unter ihnen sein
In manchen Settings spüre ich, dass ein traditionelles „von der Bühne herab"-Konzept nicht funktioniert. Dann gehe ich buchstäblich ins Publikum. Ich setze mich neben Menschen, lasse sie Dinge halten, die später im Programm vorkommen, und stelle durch kleine Gesten Nähe her: Augenkontakt, ein kurzes Gespräch, das Anvertrauen einer Requisite. Das senkt die Hemmschwelle, nimmt dem Abend die Distanz, und überträgt mir zugleich stillschweigend die Regie.

Diese Strategie entstand in einer Show mit besonders ausgelassener Stimmung. Ich verzichtete auf große Effekte und schaffte stattdessen Verbindungen. Die Show wurde dadurch nicht kleiner. Im Gegenteil: Sie wurde gemeinschaftlicher. Das Publikum fühlte sich als Teil des Erlebens. Und Störungen? Gab es keine.

Strategie 2: Namen merken, Menschen sehen
Ein weiterer Schlüssel: Ich versuche, mir möglichst viele Namen zu merken, und verbinde sie mit Orten im Raum. Ich teile das Publikum in mentale Kategorien ein: die Lauten, die Ruhigen, die Nachdenklichen, die Lebendi-

gen. So finde ich für jeden Effekt den passenden Mitwirkenden. Wer einmal durch einen „Fehler" auffällt, kann später bewusst für einen unterhaltsamen Kontrastmoment genutzt werden: „Wenn wir es so machen wie Jan vorhin, dann sähe das so aus …"

Diese Einteilung hilft mir, individuell auf die Menschen einzugehen, und sie nicht nur als Masse, sondern als Persönlichkeiten wahrzunehmen. Die Menschen danken es mir. Immer wieder höre ich nach einer Show: „Es hat mich so berührt, dass Sie meinen Namen wussten." Solche Details schaffen Nähe und verhindern Störungen durch positive Einbindung.

Fazit
Durch eine Mischung aus Autorität, Empathie und kluger Dramaturgie habe ich heute so gut wie keine Probleme mehr mit Zwischenrufern. Ich strahle Präsenz aus, setze klare Rahmenbedingungen und binde mein Publikum auf Augenhöhe ein. Ich erinnere mich an ihre Namen, ihre Energie, ihre Stimmung, und schenke ihnen das Gefühl, gesehen zu werden. So entsteht Raum für ein gemeinsames Erleben. Und für jene kostbaren Momente des Staunens, die Magie ausmachen.

15.6 Auch Du, mein Sohn Brutus?

Nicolai Friedrich, Zauberer, Mentalist und Autor. Gewinner der Weltmeisterschaft der Magier in Peking

Glücklicherweise habe ich heutzutage fast überhaupt keine Probleme mit sogenannten Hecklern. Ich glaube, das hängt zum einen mit meiner Persönlichkeit zusammen. Ich bin eher der nette Sympathieträger. Außerdem trete ich fast ausschließlich in Bühnensituationen auf, wodurch man schon von vorneherein ein besonderes Maß an Status und Kontrolle innehat. Mit meinen Zuschauern habe ich daher grundsätzlich keine Probleme, allenfalls mit Kollegen, die sich zunächst unerkannt unter das Publikum mischen. Aus diesem Zusammenhang hier ein paar wahre, aber dennoch unglaubliche Geschichten.

Wer öffentliche Shows spielt, zu denen jeder Eintrittskarten kaufen kann, der bekommt es hin und wieder mit Kollegen zu tun. Neben vielen netten Kollegen, deren Rat und Kritik ich sehr schätze, gibt es aber auch einige schwarze Schafe. Hier mal ein paar Highlights zur Belustigung und für diejenigen Kollegen, die sich vielleicht angesprochen fühlen, eine Anregung zur Selbstreflexion:

Der Warm-Upper
Letztlich wurde mir eine ungeheuerliche Geschichte zugetragen. Geschehen bei einer meiner öffentlichen Shows im letzten Jahr. Leider habe ich von dem „Vorfall" erst Wochen später erfahren, sonst hätte ich den Kollegen gerne persönlich angesprochen. Im Vorfeld meines abendfüllenden Programmes taucht im Foyer ein „freundlicher" Kollege auf und zeigt Close-up-Magie für die wartenden Theaterbesucher!

Dabei gibt er sich als mein Partner aus und verteilt fleißig seine Visitenkarten mit dem Hinweis, dass man auch ihn buchen kann, da er – weil wir ja Partner sind – die gleichen Kunststücke im Repertoire habe. Nun ja, die Zuschauer haben sich nichts weiter dabei gedacht und ich habe den mir bis dato völlig unbekannten Kollegen „glücklicherweise" nicht bemerkt.

Dass ich überhaupt von dem Vorfall erfahren habe, liegt daran, dass die Zuschauer, die neben ihm im Programm saßen, irgendwann doch noch skeptisch wurden, als sie bemerkt haben, dass er die komplette Show unter heimlich seiner Jacke versteckt mitgeschnitten und aufgezeichnet hat!

Der Aufklärer
Hin und wieder kommt es vor, dass Kollegen während eines Programmes das Bedürfnis verspüren, sich ihren Sitznachbarn, sei es der Laienbegleitung oder Kollegen, mitzuteilen. In der Regel geht es dabei darum, verwendete Trickprinzipien zu erklären. Nicht selten geschehen die Mitteilungen etwas oberhalb von Flüsterlautstärke, damit auch die umsitzenden Zuschauer erfahren, wie „schlau" der Kollege im Publikum ist. Es ist schon vorgekommen, dass Zuschauer den „Aufklärer" lautstark gebeten haben, bitte die Klappe zu halten, weil sie sich gerne auf die Show konzentrieren würden.

Etwas kollegialere Kollegen verlagern ihre „Diskussionen" gerne in die Pause, wo sie in kleinen Grüppchen zusammenstehen und sich lautstark, sodass es die anderen Zuschauer auch mitbekommen (man will ja zeigen, dass man auch vom Fach ist) über das Programm und die Methoden diskutieren.

Der interessierte Kollege
Stellen Sie sich bitte folgende Situation vor; eine leider wahre Geschichte! Sie geben ein Clipboard ins Publikum und bitten einen Zuschauer etwas aufzuschreiben. Der Zuschauer kommt auf die Bühne, das Clipboard bleibt auf seinem Platz im Publikum liegen (es wird später dort noch einmal benötigt). Während das Programm auf der Bühne weitergeht, bittet nun ein Kollege im Publikum die Zuschauer neben dem nun freien Platz, ihm doch bitte das Schreibbrett zu überreichen und beginnt es in aller Ruhe zu untersuchen und da auf den ersten Blick nichts Verdächtiges daran zu entdecken ist: es auseinanderzunehmen,

ja sogar zu zerstören! Auch auf explizite Ansprache durch den Vorführenden lässt er sich nicht davon abbringen, bis der Vorführende gezwungen ist, ins Publikum zu gehen und dem „Kollegen" das Clipboard abzunehmen!

Der Dokumentator
Eine echte Unsitte ist es, dass immer wieder Kollegen versuchen, eine Show heimlich mitzufilmen oder aufzuzeichnen. Leider war dies auch bei letztem FISM-Kongress in Peking zu beobachten (hier geschah das Filmen sogar offen).

Es ist respektlos, dass sich Kollegen nicht daranhalten, wenn sogar explizit erklärt wird, dass Video- und Tonaufnahmen nicht gestattet sind. Dieses Vorgehen ist höchst unkollegial, unverschämt und zudem illegal! Diese Form der versteckten Kamera hat mit „Spaß verstehen" nichts zu tun. Sorry, aber für solches Verhalten habe ich null Verständnis und jeder, den ich bei mir erwische, fliegt raus!

Die öffentlichen Kritiker
Gerade im Rahmen von Fernsehshows wie bei The Next Uri Geller wurde es Usus, dass Fachleute meinten, in der Öffentlichkeit unter dem Gesichtspunkt der „Aufklärung" die Tricks der Kandidaten mit „fachmännischer" Genauigkeit erklären zu müssen. Leider trat der ja im Grundsatz legitime Aufklärungsgedanke oftmals in den Hintergrund gegenüber der eigenen Selbstdarstellung in den Medien oder Internetplattformen.

Da wurde auch nicht zwischen den Vorführenden differenziert. Schließlich gab es auch solche Kandidaten, die keine übernatürlichen Erklärungen für ihre Effekte wie Erleuchtungen im Kindesalter oder besondere Erlebnisse etc. als Grund für ihre Fähigkeiten angegeben haben und aus ihrer Zugehörigkeit zur Zauberszene keinen Hehl gemacht haben. Zudem wurde völlig außer Acht gelassen, dass Uri Geller (auf Druck gerade dieser Vorführenden hinter den Kulissen!) klipp und klar zu Beginn der 2. Sendung erklärt hat, dass die Teilnehmer nicht behaupten, über übersinnliche Kräfte zu verfügen. Dieses klare und für einen Uri Geller untypische Statement wurde von den „kritischen Kollegen" jedoch überhört – oder vielleicht bewusst ignoriert?

Es genügt doch völlig aus Sicht des Fachmanns zu erklären, dass die gezeigten Phänomene nicht übersinnlich sind. Gerne kann man das Experiment zur Demonstration selbst vorführen (wie es Stefan Raab gemacht hat). Das wäre obendrein noch unterhaltsam, aber es bedarf keiner detaillierten technischen Erklärung! Die kritische Diskussion über das Format sollte und musste geführt werden, aber liebe Kollegen, sie gehört bei allem Aufklärungswillen nicht in die Öffentlichkeit! Bitte verhaltet Euch, wie es das Wort verlangt, kollegial!

Der Möchtegern-Kollege
Früher, als ich schon mal ausschließlich Close up unterwegs war, sind mir auch mit solchen „normalen" Zuschauern einige absurde Dinge widerfahren. Am häufigsten ist es vorgekommen, dass ein Zuschauer, der mein Kartenspiel erspäht sagt: „Einen Kartentrick, dass kann ich auch, gib mal her!", und ehe man sich versieht, hat er die Karten in der Hand … und man ist vom Vorführer zum Zuschauer degradiert worden.

Ein toller Gag in diesem Zusammenhang ist es, ein komplett verklebtes Kartenspiel in der Tasche zu haben und, sobald sich der Zuschauer als potenzieller ‚Kollege' vorgestellt hat, das Kartenspiel, welches man eben noch gemischt und aufgefächert hat, dagegen auszutauschen. Mir persönlich war diese Holzhammermethode eigentlich immer zu hart und ich habe für mich eine Art dreistufiges Model entwickelt, wie ich mit solchen Situationen umgehe.

Stufe 1 Zuerst beginne ich mit einem freundlichen Abblockversuch: „Oh super, Sie dürfen gleich Ihren Kartentrick zeigen, aber erst mal zeige ich ein kleines Kunststück, dann sind Sie dran." Dies stets verbunden mit der Hoffnung, dass er in der Folge durch die Qualität meiner Kunststücke eingeschüchtert ist und von seinem Vorhaben ablässt. So passiert es erfahrungsgemäß auch in über 90 % aller Fälle.

Stufe 2 Aber natürlich hatte ich wiederholt den Fall, dass ein Zuschauer dennoch nicht lockerlässt, dann kann es hilfreich sein, ihm eine kleine Bühne zu bieten, mit dem Hinweis: Aber bitte nur einen Trick zu zeigen, damit das Ganze nicht völlig entgleitet.

Nach dem Kunststück gebe ich ihm dezent zu verstehen, dass ich natürlich weiß, wie sein Kunststück funktioniert hat, ich ihn auffliegen lassen könnte, dies aber natürlich nicht möchte, damit ist mein Status ihm gegenüber wieder gesichert. Ich erinnere mich, dass ich einmal wirklich keine Ahnung hatte wie das Kunststück, das mir vom Zuschauer gezeigt wurde, funktioniert hat. Dennoch habe ich so getan, als wäre mir der Trick bestens bekannt. Ein kleiner, aber hilfreicher Bluff, der seine Wirkung nicht verfehlt hat.

Stufe 3 Als letzte Stufe für die unbelehrbaren Zuschauer eignet sich das bereits oben angesprochene zusammengeklebte Kartenspiel oder ein Kunststück, das ich eigens für solche Situationen im Repertoire habe. Es handelt sich um eine präsentatorische Variante der Routine ‚Reflex' von Paul Harris:

Der Vorführende lässt sich mit einem Zuschauer auf einen Wettstreit ein. Und zwar behauptet er, dass seine Hand schneller sei als das Auge des Zuschauers. Der Zuschauer wird gebeten, sich eine Spielkarte zu denken. Der Vorführende legt einzeln Karten auf den Tisch, sobald die vom Zuschauer gedachte Karte kommt, soll dieser mit seiner Hand darauf schlagen. Obwohl der Magier die gedachte Karte nicht kennt – die Kenner der Originalmethode werden wissen, dass dies sogar die Wahrheit ist – wird er immer als Sieger des Duells hervorgehen und die Karte vor dem Zuschauer in den Händen halten. Mit diesem Kunststück wird dem unbelehrbaren Zuschauer quasi mit der Holzhammermethode klar gemacht, dass er im direkten Schlagabtausch mit dem Vorführenden keinerlei Chance hat. Glauben Sie mir, nach dieser Demonstration hat sich bisher jeder geschlagen gegeben.

Grundsätzlich bin ich alles andere als ein Freund davon, einen Zuschauer zu erniedrigen oder zu düpieren. Aber wer mich bis zur Anwendung dieser letzten Stufe meines Störer-Ablaufs gebracht hat, der hat es wahrlich nicht besser verdient.

Das wunderbare Kunststück „Reflex" von Paul Harris wurde zuerst von Michael Ammar für das Magical Arts Journal vorgestellt. Eine detaillierte Beschreibung und Erklärung findet sich in Paul Harris großartigem „Art of Astonishment Vol. 3" (1996) unter dem Titel „Whack Your Pack" auf S. 207. Auch die Erweiterung dieser Routine von Pit Hartling in „Card Frictions" unter dem Titel „High Noon" (S. 44) ist sehr zu empfehlen.

15.7 Ich mag das …

Paul Daniels, britischer Zauberkünstler und Fernsehmoderator

Im Laufe meiner langen Karriere habe ich eine Änderung im Verhalten von Störern bemerkt. Als ich begann, in Nightclubs zu arbeiten, waren Störungen zumeist grob, manchmal geschmacklos – und sie kamen eigentlich immer von jemandem, der entweder betrunken war oder sich selbst für besonders witzig hielt, … was er meistens nicht war. Nachdem ich die Welt des Theaters für mich erobert hatte, wurde ich eigentlich überhaupt nicht mehr von Störern behelligt. Ich kann mich wirklich nicht an eine einzige erinnern, wenn ich im Rahmen einer Varietéshow aufgetreten bin.

Irgendwann erlangte ich in England eine gewisse Bekanntheit durch das Medium Fernsehen und durch meine populären One-Man-Shows, die ich dort präsentierte. Gelegentlich gab es dann wieder Zuschauer, männliche ebenso wie weibliche, die ungefragt irgendetwas hereinriefen. Aber irgendwie wurde ich nun offenbar fast als eine Art Familienmitglied angesehen und die Zwischenrufe und Störungen waren jetzt weitaus freundlicher – selbst wenn die betreffenden Späße eigentlich auf meine Kosten gingen. Ich wurde sogar bekannt für etwas, das heute in England ein geflügeltes Wort ist – eine Phrase, die ich „erfunden" habe und die heute jeder kennt. Dieser Spruch schien damals irgendwie für jeden passend zu sein, für die Leute zu Hause, an ihren Arbeitsplätzen, ja sogar auf die eine oder andere Art und Weise für die Nation als Ganzes. Ich pflegte damals nachts aufzustehen, um an meinen Texten zu arbeiten – zu dieser Zeit an „Universalsprüchen", die alle möglichen Situationen abdecken konnten. Denn nur dann haben sie das Potenzial zu einen Running Gag.

Aber diese eine kleine beiläufige Zeile, die mir nebenbei während einer Vorführung entschlüpfte, sollte im wahrsten Sinne des Wortes mein Leben verändern. Folgende Situation: Ein Mann im Publikum ruft, „Hey, ich mag Deinen Anzug nicht!" … und mein Mund sagt von ganz alleine, „Ach das ist aber schade, ich mag nämlich Deinen – **nicht sehr, … aber ich mag ihn!**"

Etwas später in der gleichen Show wiederholte ich das Ganze sinngemäß, als es um etwas vollkommen anderes ging, verkürzt: „Du weißt schon: Ich mag das … [– nicht sehr …]." Und ein geflügeltes Wort war geboren. Dieser an sich harmlose Spruch hat es irgendwann sogar in den Oxford Dictionary der populären Redewendungen geschafft.

Wenn heute irgendjemand etwas Peinliches, Freches oder Geschmackloses von sich gibt, hört man häufig Leute sagen, „Ich mag das, …" und jeder weiß, dass genau das Gegenteil der Fall ist.

15.8 Glauben Sie eigentlich an Gott?

RD Dr. Thomas Bannach, seit 2019 Regierungsdirektor im Landtag NRW, Autor

Ich arbeite täglich mit unterschiedlichsten Menschen zusammen. Mein Job besteht darin, Konflikte zu schlichten und zwischen Personen zu vermitteln. Häufig begegnen sich bei unseren Terminen Menschen, die sich zuvor noch nie persönlich gesehen haben. Die Behörde schreibt Bürger an, und diese treffen bei uns erstmals persönlich aufeinander.

Es liegt in der Natur der Sache, dass Bürger bereits in einem Konflikt mit der Behörde stehen und entsprechend angespannt sind. Je nach Temperament kann es dabei durchaus hitzig werden. Dabei kommt es gelegentlich auch zu unsachlichen Angriffen, entweder gegen die Behörde oder gegen mich als Mediator. Natürlich meldet sich in solchen Momenten mein Ego und verleitet dazu, unsachlich zurückzuschlagen. Doch ein Gegenangriff würde die Eskalation nur verstärken und möglicherweise zum Abbruch des Termins führen – was bislang glücklicherweise noch nie passiert ist.

Um solche Situationen zu entschärfen, wende ich eine zweistufige Deeskalationsstrategie an, die auf dem Prinzip der Musterunterbrechung basiert. Dabei tue ich etwas, das in der Situation völlig unerwartet und paradox wirkt (paradoxe Intervention). Die erste Stufe erfolgt verbal, die zweite ist eine konkrete Handlung.

Die Ausgangssituation ist dabei immer ähnlich: Es wird hitzig, und einer der Beteiligten beginnt, unsachliche und aggressive Äußerungen zu tätigen. Sobald diese ein gewisses Niveau erreichen, greife ich zur verbalen Musterunterbrechung und sage bewusst ruhig: „Ich habe da mal eine kurze Frage." Anschließend lasse ich eine kurze Pause entstehen und stelle dann die Frage direkt an den Aggressor: „Glauben Sie eigentlich an Gott?"

Darauf folgt erneut eine Pause, in der meist erst einmal Stille eintritt. Die betroffene Person beginnt nachzudenken, vergisst dabei ihre ursprüngliche Aggression und verliert ihren Angriff aus den Augen. Oftmals erfolgt anschließend die Rückfrage „Wieso?" oder ein zögerliches „Ja", wodurch ein kurzer Dialog entsteht, bevor wir anschließend wieder sachlich zum eigentlichen Thema zurückkehren können.

Die zweite Stufe meiner Strategie ist eine bewusst absurde Handlung: Ich habe mir vor Jahren ein kleines Quietsche-Gummihuhn angeschafft, das ursprünglich als Hundespielzeug gedacht war. Dieses Huhn habe ich stets griffbereit in meinem Koffer dabei, da es sich sehr klein zusammenfalten lässt. Sobald ich merke, dass die Situation zu eskalieren droht, öffne ich langsam meinen Koffer, nehme das Quietsche-Huhn heraus und lege es demonstrativ auf den Tisch. Einmal darauf gedrückt, erzeugt es ein kurzes, witziges Quietschen.

Diese absurde Aktion sorgt meist sofort für Heiterkeit, entschärft unmittelbar die angespannte Stimmung und lässt Aggressionen verfliegen. Falls danach dennoch weitere Bemerkungen kommen, sage ich lächelnd: „Nur Spaß. Jetzt können wir uns wieder wie vernünftige und zivilisierte Menschen unterhalten." Durch diese Intervention gelingt es mir, selbst brenzlige Situationen sicher zu meistern.

15.9 60 Jahre Berufserfahrung

David Berglas, ein Deutschland geborener britischer Zauberer und Mentalist, der als einer der ersten im britischen Fernsehen auftrat

In über 60 Jahren Berufserfahrung hatte ich es mit vielen verschiedenen Arten von Problemfällen zu tun. Denn auch in Varieté-Theatern und Music Halls kommt es gelegentlich zu Störungen, die nicht zu ignorieren und gegen die sofort vorzugehen ist.

Meine Nummer verlangte, viele Zuschauer auf die Bühne zu bekommen und natürlich waren da oft welche dabei, die schon immer gerne ins Rampenlicht wollten. Es gab viele Gelegenheiten, in denen dies hätte brenzlig werden können. Aber über die Jahre lernt man, mit der Situation umzugehen und dem Publikum zu zeigen, wer Chef im Ring ist.

Bevor ich einige meiner Methoden erkläre, lassen Sie mich analysieren, warum es manchmal durchaus schwierig ist, freiwillige Helfer zu finden. Die Leute haben keine Ahnung, was mit ihnen passieren wird und wurden möglicherweise durch negative Erfahrungen mit anderen Vorführenden beeinflusst, die ihre „Opfer" blamiert oder, noch schlimmer, „zum Affen" gemacht haben. Es ist daher Ihre Aufgabe, dem Publikum zu versichern, dass niemand, der nach vorne kommt, sich unbehaglich fühlen wird und dass es später viel Interessantes zu berichten gibt.

Wer also wird ein freiwilliger Helfer? Es gibt eine ganze Reihe von Gründen, warum jemand die Anonymität seines bequemen Sitzplatzes verlässt und in das gleißende Bühnenlicht tritt. Was ist ihre Intention, was ihre Motivation – und agieren sie in gewisser Weise „außerhalb ihrer selbst"?

- Wenn plötzlich eine peinliche Pause entsteht und niemand sich rührt, gibt es immer einen „barmherzigen Samariter", der gerne helfen will.
- Da gibt es zunächst den geborenen „Exhibitionisten", der prahlen will und von seinen Begleitern angestachelt wird.
- Da gibt es weiter den „Zaghaften", der nicht wirklich damit gerechnet hat, mitzumachen, aber der von seinen Freunden nach vorne gestoßen oder plötzlich vom Augenblick erfasst wurde.
- Da gibt es auch den „Neugierigen", der von der Zauberei fasziniert ist und herausfinden will, wie die Tricks funktionieren.
- Da gibt es den „Alleswisser", der sicher ist, Sie zu erwischen und dem Publikum alles verraten will (meistens liegt er falsch).
- Und da gibt es den „Betrunkenen", der einer ganz speziellen Fürsorge bedarf und möglichst schnell zurück auf seinen Platz geschickt werden sollte.
- Schließlich gibt es da noch den „Zauberer", der oft denkt, er kenne den Trick und der dann zu schnell reagiert. Das Schlimmste daran ist, dass er eigentlich nur helfen oder teilnehmen möchte, aber damit alles nur zu einem Desaster bringt.

Ich teile den Zuschauern immer mit, dass wir gerade einen Zauberer (oder mehrere) auf der Bühne haben (für gewöhnlich erkenne ich sie an ihrem Klubabzeichen oder an der Beule in ihrer Jacke, die von einem Kartenspiel oder sonstigen Requisiten stammt). Jeder aus den vorgenannten Kategorien ist mit Vorsicht zu genießen, mit guten Manieren zu behandeln und vor allem mit einer Portion Humor.

Es ist also durchaus wichtig zu wissen, wie man jemanden ablehnt, der nicht in Ihr Konzept passt. Wenn ich zum Beispiel zehn Freiwillige auf der Bühne habe, sage ich plötzlich, dass ich nur acht brauche. Ich stelle sie in einer Reihe auf und zähle dann von dem Ende ab, das es mir ermöglicht, die „unerwünschten" Personen auszusieben. So kann ich die letzten zwei zurückschicken, ohne dass es auffällt.

Eine ähnliche Möglichkeit, zwei (oder mehr) „unwillkommene" Freiwillige auszusortieren, ist, diese in einer Reihe aufstellen zu lassen und jedem eine Nummer zuzuteilen. Versichern Sie sich, dass die Personen, die Sie wieder loswerden wollen, entweder auf einer geraden oder ungeraden Position stehen. Dann bitten Sie jemanden aus dem Publikum, sich für „Gerade" oder „Ungerade" zu entscheiden. Natürlich ist es völlig egal, was gewählt wird. Da sie die Position der Zielpersonen kennen, liegt es an Ihnen zu entscheiden, ob die Angabe aus dem Publikum als Zuwahl oder als Abwahl interpretiert wird. So haben Sie in jedem Fall diejenigen dabehalten, die für Sie besser geeignet sind, ohne dass dies jemand mitbekommen hat.

Denn wenn Sie offen jemanden vor den Kopf stoßen, wird man Ihnen dies verübeln und das Publikum wird von nun an tendenziell gegen Sie Partei ergreifen. Zeigen Sie immer Respekt, machen Sie keine abfälligen Bemerkungen und seien Sie beim auf-die-Bühne-Gehen und von-der-Bühne-Gehen behilflich. Bedanken Sie sich für die Mitwirkung und sorgen Sie dafür, dass Ihr Helfer den verdienten Applaus erhält. Ich wurde oft gefragt, wie ich mit meinen Helfern stets so schnell, einfach und sicher umgehe. Andere scheinen da mehr Probleme zu haben; aber für gewöhnlich kosten unnötige Verzögerungen wertvolle Vorführzeit. Und die ist knapp.

Es gibt da eine feine psychologische Technik, die ich über die Jahre hin schon anwende. Wenn ich angekündigt werde, weiß ich, dass das Publikum etwas Zeit braucht, um sich von mir ein Bild zu machen: Wie ich aussehe, wie ich mich anhöre und zu entscheiden, ob es mich mag oder nicht. Demzufolge ist eine Eröffnungsroutine oftmals komplett verschwendet, da sich das Publikum mehr auf Sie als auf den Effekt konzentriert. Aber Sie können die Zeit auch nutzen, um das Publikum vorzubereiten. Während meines Openers lasse ich häufig Dinge wie diese einfließen:

> „Ich werde später nach Freiwilligen fragen. Bitte stoßen Sie nicht die anderen nach vorne, kommen Sie selbst. Es wird Ihnen nicht Unangenehmes widerfahren und Sie werden das Experiment genießen."

Dann rede ich weiter über andere Dinge, die sie zum Nachdenken anregen und die sie vorbereiten, nach vorne zu kommen. Normalerweise kommt es dann zu kurzen Unterhaltungen mit den Partnern oder Freunden mit der Frage, „Soll ich mitmachen?" oder der Warnung, „Geh' bloß nicht!".

Wie auch immer; sie sind mental vorbereitet und wenn ich nun plötzlich sage: „Jetzt ist es Zeit für die freiwilligen Helfer, auf die Bühne zu kommen!", gibt es auf einmal eine überraschend große Anzahl von Leuten, die sich von ihren Plätzen erheben und unmittelbar zu mir kommen. Oftmals erzählen sie mir später, dass sie ursprünglich nicht die Absicht hatten, als Helfer zu agieren, aber irgendwie hätten sie meiner spontanen Bitte Folge geleistet und wären einfach auf die Bühne gekommen. Dies ist eine gute Technik, die mir oft geholfen und die immer funktioniert hat.

Ich habe nie auf Personen im Publikum gezeigt und sie aufgefordert, mir zu helfen, so wie dies viele andere Kollegen tun. Ich halte dies für sehr riskant, da es immer Zuschauer gibt, die auf diese Art der Ansprache recht widerwillig reagieren oder dann einfach zu nervös sind, einen guten Assistenten abzugeben. Ausnahmslos alle meine Helfer auf der Bühne waren spontane und freiwillige Mitwirkende.

Zeigen Sie dem Publikum, dass sie es achten, anstatt ihm Ihren Willen aufzuzwingen. Reagieren Sie auf jede Regung und halten Sie Augenkontakt zu jedem Teil des Theaters. Wenn jemand niest, sage ich sofort „Gesundheit!" Oder wenn in einem Nightclub der Kellner das Tablett fallen lässt oder ein Glas zu Bruch geht, dann reagiere ich sofort darauf. Das zeigt, dass es sich um eine Liveshow handelt und Sie ihr Publikum komplett wahrnehmen. Genauso ist es, wenn unerwünschte Kommentare laut werden. Auf Störenfriede sollte aus meiner Sicht umgehend reagiert werden. Denken Sie daran, dass Sie ein Mikrofon haben und damit besser zu hören sind als jeder andere im Publikum.

* * *

Ein entscheidender Teil meiner Show war lange Zeit ein lustiger und überraschender Taschendieb Act. Während der Nummer, in der zwischen zehn und fünfzehn Freiwillige mitwirkten, habe ich fortwährend Anweisungen gegeben, auf bestimmte Weise zu reagieren. Zum Beispiel, wenn auf einmal die Brieftasche eines Mitwirkenden in der Tasche eines anderen auftaucht, sollte dieser jemand „überrascht" dreinschauen.

Das mag plump erscheinen, aber der Grund für diese Anweisung ist schlicht, dass es im Normalfall eben zu eher gedämpften Reaktionen kommt, wenn die Brieftasche gefunden wird. Früher kamen die Leute oft erst nach der

Vorstellung zu mir und sagten: „Ich habe absolut nichts gemerkt. Wie sind Sie an meine Brieftasche (Uhr, Schlüssel etc.) gekommen?" An diesem Punkt ist es zu spät für eine Reaktion. Ich brauche die Reaktionen sofort – stark und verblüfft. Also fordere ich sie ein.

Eine amüsante Anekdote aus einer meiner Shows: Ich hatte einem Mitwirkenden heimlich eine Krawatte entwendet, die ich hinter meinem Rücken hielt, um sie den Zuschauern zu zeigen. Als ich den Mann gefragt hatte, warum er keine Krawatte tragen würde, bewegte ich ihn dazu nach unten zu sehen und im Normalfall hätte er überrascht schauen sollen. Wie üblich hatte ich ihm zugeflüstert, überrascht zu schauen. Völlig unerwartet entriss er mir das Mikro und rief: „Ich bin überrascht. Ich *BIN* überrascht!" Das Publikum hatte nichts mitbekommen, als ich dem Mann, ohne das Mikrofon zu benutzen, die Anweisung gegeben hatte.

Es ist schon erstaunlich, was man unbemerkt zu einem Helfer sogar ziemlich laut sagen kann, wenn man das Mikro kurz stummstellt. Denn Zuschauer sind die ganze Zeit darauf konditioniert, Ihre Stimme aus dem Lautsprecher zu hören. Wenn Sie jetzt Kommentare ohne Mikro machen, klingt Ihre Stimme anders und kommt meist auch noch aus einer anderen Richtung als zuvor, als sie aus den Lautsprechern kam. Da zudem während der Darbietung Musik läuft, kann ich auch oft direkt Dinge zu jemandem sagen, ohne dass es die anderen Freiwilligen oder das Publikum das überhaupt hören können. Der Effekt aus ihrer Sicht ist dann grandios.

In den 1950er bis 60er-Jahren gab es in jeder größeren britischen Stadt ein großes Varieté-Theater mit zwei Shows pro Nacht. Wir wussten, dass wir immer mit Ärger rechnen mussten, besonders freitags und samstags nachts, speziell in Städten wie Glasgow und Liverpool. Dies waren extreme Fälle und ich hatte mir ein paar Techniken ausgedacht, um mit Störenfrieden umzugehen. Wenn ein Mann nur leicht störend war, drückte ich ihm einen großen Umschlag in die eine Hand und mit der anderen sollte er den Seitenvorhang festhalten. Ich erzählte ihm, dass dies ein wichtiger Beitrag zur Show sei und er solle bitte total stillstehen. Natürlich fühlte der Mann sich geschmeichelt, dass ich ihn gewählt hatte, er stand still und regungslos am Vorhang und ich fuhr ich mit meiner Darbietung fort. Irgendwann verabschiedete die anderen Helfer mit Dank und Applaus, verbeugte mich und ging zu meiner Abschlussmusik von der Bühne. Der Mann, der sich zum Problemfall hätte entwickeln können, stand immer noch am Vorhang und hielt den Umschlag fest. Das Ganze zum Amüsement der Zuschauer.

Hier ein anderes Beispiel, wie ich mit einem schwierigen Kandidaten verfahren bin: Ich hatte oft eine Glasschüssel auf der Bühne stehen. Wenn alles glattging, gab ich nie irgendwelche Hinweise auf die Schüssel, aber wenn ich

Ärger roch, sagte ich zu meinem Problemfall: „Kommen wir nun zum wichtigsten Teil der Show. Würden Sie bitte die Glasschüssel nehmen und diese sehr vorsichtig zum Bühnenrand tragen!?" Sobald er außer Sichtweite der Zuschauer war, hörten diese einen lauten Knall von berstendem Glas. Er kam nie mehr zurück! Was wirklich geschah, war, dass ein Helfer mit einem Beutel Glasscherben das Zerbrechen der Schüssel simulierte, während zwei andere Helfer dem Störenfried die Schüssel abnahmen und ihn freundlich, aber bestimmt zum Bühnenausgang hinauskomplimentierten.

Einen Vorführenden zu stören kann viele Formen annehmen, sodass ich mit einer lustigen, aber wahren Geschichte enden will. In den 1980ern hatte ich ein reguläres Monatsengagement in einem anspruchsvollen Nachtclub in Birmingham. Alle hatten Spaß an diesen Abenden, aber sie wurden oft von einem großmäuligen Typen genervt, der die ganze Zeit über quatschen musste. Es handelte sich dabei um einen stadtbekannten Buchmacher. Wenn er ein paar Drinks zu viel genossen hatte, wurde er immer ein wenig merkwürdig. Einmal, nachdem er meine recht berühmte Tisch-Schwebe gesehen hatte, wettete er mit mir, dass ich dies unmöglich bei ihm zu Hause mit seinem schweren Eichentisch nachmachen könne. Ohne Zögern akzeptierte ich die Wette jedoch ohne die geringste Ahnung zu haben, wie ich das anstellen sollte. Während ich darüber nachdachte, erkannte ich, dass es ein paar lokale Clubmitglieder gab, die schon länger darauf warteten, diesem Herren eine Lektion für sein unverschämtes Benehmen und seine Störungen zu erteilen. Ich nahm einzeln zu sechs von ihnen Kontakt auf, erklärte ihnen, was sie zu tun hätten und verpflichtete alle zum Schweigen.

Ich sagte dem Buchmacher, er solle ein paar Freunde einladen, da es sich schließlich um einen großen Tisch handele und die Kulisse entsprechend sein solle. Er lud ein paar Familienangehörige und die sechs von mir ausgesuchten Personen (von denen er natürlich nicht wusste, dass ich sie kontaktiert hatte) ein und ließ sie auch noch je einen Partner mitbringen. An dem bewussten Tag versammelten sich somit 18 Leute um seinen Tisch und genossen zunächst ein vorzügliches Mahl. Dann bat ich ihn, den Tisch abzuräumen und die Atmosphäre wurde nunmehr spannend. Wir dimmten das Licht und alle sollten ihre Hände leicht auf die Tischplatte legen.

Nach drei vergeblichen Versuchen, bei denen nichts passierte, erhob sich der Tisch plötzlich wie von Geisterhand einige Inches in die Luft, schwebte hin und her, bevor er wieder zu Boden glitt. Das Gesicht des Buchmachers werde ich nie vergessen. Er wurde kreidebleich, gab sich geschlagen und bestätigte, dass dies wirklich die erstaunlichste Sache war, die er je erlebt hatte. Wir hatten um 1000,- Britsche Pfund (damals wie heute eine stattliche Summe) für meine bevorzugte Charity-Organisation gewettet.

Wir hatten hier eine wirkliche Win-win-Situation. Mein Ruf hatte sich noch vergrößert, da er jedem – noch Jahre darauf – von diesem Ereignis erzählte. All seine Freunde waren stolz, Teil der Nummer gewesen zu sein, ihm eine Lektion erteilt zu haben und grinsten sich vielsagend an. Alles, was meine sechs Vertrauten machen mussten, war natürlich, die Beine übereinanderzuschlagen und mit dem Knie in einem bestimmten Moment den Tisch nach oben zu drücken. Nicht einmal deren Partner hatten herausgefunden, wie der Trick funktionierte. Und die unterstützte Hilfsorganisation konnte sich über eine hübsche Spende freuen. Und letzlich war auch „die Bestie gezähmt" und ich hörte nie wieder, dass er jemanden belästigte oder zu einer Wette herausforderte.

15.10 Der Handzähler

Jon Allen, mehrfach ausgezeichneter Zauberkünstler aus England
Ich arbeite überwiegend in Close-up-Situationen – und wirkliche Störungen habe ich eher selten. Vielmehr treffe ich während meiner Shows des Öfteren auf Menschen, die aus ihrer Begeisterung heraus oder manchmal auch nur im Überschwang meine Darbietung unterbrechen oder Fragen an mich richten. Nur sehr selten beginnt dabei ein Zuschauer, über meine Vorführung zu lästern oder diese abzuwerten. Für solche Zwischenfälle gibt es nicht DEN Standardspruch, mit dem auf alle Gegebenheiten geantwortet werden könnte. Vielmehr erfordert jede Störung ein individuelles Eingehen auf die jeweilige Situation.

Gegenüber dem Publikum bin ich während meiner Show sehr offen und kommunikativ. Die Zuschauer interagieren mit mir dann auch weitaus mehr als gegenüber einem Zauberkünstler im Storytelling-Bereich. Durch das intensive Einbeziehen des Publikums in meine Vorführung fühlen sich die Menschen daher den magischen Momenten näher – aber gerade dieses Einbeziehen erfordert auch besonderes Augenmerk auf das Zuschauermanagment.

Mit wachsender Erfahrung haben sich für mich unterschiedliche Ansätze herauskristallisiert, mit Zuschauern umzugehen. Oft tritt ein Zauberkünstler an einen Tisch heran und einer der anwesenden Gäste, in der Regel das „Alphamännchen" der Gruppe, verweist ihn des Tisches mit den Worten wie: „Hau' ab! Wir möchten keine Trickserei sehen!". Falsch wäre es meiner Meinung nach, nun einen Trick vorzuführen, um den Tisch umzustimmen; und genauso verkehrt wäre es, eine Diskussion führen zu wollen.

Erhalte ich eine solche Rückmeldung, so antworte ich vielmehr sinngemäß: „Das ist sehr schade. Ich wollte jeder Person hier am Tisch beste Unterhaltung bieten. Aber wenn Sie entschieden haben, dass an diesem Tisch auch niemand anderes unterhalten werden darf, dann ist es wohl so." Und während ich das sage, schaue ich in die Runde – und gehe dann.

Mit dieser Erwiderung ist nun diese ablehnende Reaktion des „Alphamännchens" der Grund, warum niemand von mir unterhalten werden wird. Auch die anderen Personen der Gesellschaft machen nun diese Person dafür verantwortlich, dass ihnen mein Programm vorenthalten bleibt, während andere Tische in diesen Genuss kommen werden. Ich trete also langsam von der Gruppe weg und achte dabei darauf, ob bei unserem „Alphamännchen" ein Sinneswandel eintritt. Wenn nicht, steht in der Regel eine andere Person vom Tisch auf und bittet mich um meine Vorführung – die Mehrheit der Gruppe hinter sich wissend.

Im Bereich der Close-up-Zauberkunst begebe ich mich in gewisser Weise in den „Privatbereich" der Zuschauer – an „ihren" Tisch. Häufig reagieren Zuschauer dann zunächst etwas unsicher auf mich und wissen nicht, wie sie sich verhalten sollen. Aus dieser Situation heraus werden immer wieder wenig geistreiche Fragen gestellt, etwa:

„Können Sie meine Frau verschwinden lassen?"
„Können Sie auch ein Kaninchen aus dem Hute zaubern?"
„Was machen Sie den ganzen Tag über?"
„Kann man damit Geld verdienen?"

Ich glaube, man ist so lange kein richtiger Zauberkünstler, solange man nicht zumindest einmal gefragt wurde, ob man die Ehefrau von jemandem verschwinden lassen könne. Natürlich gibt es mehr oder weniger humorvolle Antworten auf eine solche Frage („Wenn Sie so weitermachen, ist ihre Frau bald sowieso verschwunden."), ich finde es jedoch besser, den „Schwarzen Peter" an den Fragesteller zurückzureichen.

Wenn jemand die Frage nach dem Verschwinden der Ehefrau stellt, so antworte ich etwa mit einem einfachen „Warum?" und warte eine Reaktion ab. Vielleicht mag mein Gegenüber eine schlagfertige Antwort parat haben, aber in der Regel tritt eine für den Fragesteller eher unangenehme Pause ein. Manchmal füge ich noch hinzu: „Sie ist doch eine ausgesprochen attraktive und offensichtlich liebenswerte Person!?" Das Schlimmste, was unser Fragesteller nun tun könnte, wäre, seine Frau durch eine unpassende Antwort zu brüskieren und einen Ehestreit zu provozieren. Daher wird er in der Regel versuchen, mit einem mehr oder weniger witzigen Spruch zu antworten – und hat seine Lektion gelernt.

Erfahrene Zauberkünstler werden genug Kniffe parat haben, um Störungen oder Zuschauersprüche zu parieren. Zu Beginn meiner Ausführungen schrieb ich, dass es keinen allgemeingültigen Abwehrspruch gibt. Aber ich möchte ein visuelles Universalhilfsmittel vorstellen, welches ich während meiner Vorführungen immer für den Fall der Fälle bei mir trage. Hierbei handelt es sich um einen sogenannten mechanischen Handzähler. Erhöhen Sie den Zählerstand, bis eine mittlere, dreistellige Zahl im Display angezeigt wird, beispielsweise 0427. Ich habe meinen Zähler an einem Schlüsselzieher an meinem Gürtel befestigt und bin so ausgerüstet nun im übertragenen Sinne „kugelsicher".

Stellt mir ein Zuschauer nun eine dieser wenig sinnigen Standardfragen, muss ich gar nichts mehr sagen. Ich ziehe stattdessen meinen Handzähler hervor, sodass alle Zuschauer sehen, was ich gerade in der Hand halte … und klicke einmal. Der Zählerstand erhöht sich um 1, ich verstaue den Handzähler wieder wortlos – und fahre in meinem Programm fort. Das ist alles. Ich sage nichts und doch wird allen klar: Die Frage des Zuschauers war nicht gerade originell.

Zudem zeige ich, dass ich auf jede Eventualität bestens vorbereitet bin.

Diese Methode funktioniert nicht nur als Reaktion auf allerlei seltsame Fragen, sondern auch bei jeder Art von Störung oder Unterbrechung. Ruft mir jemand laut zu „Ey, das ist Mist!", dann hole ich den Handzähler und klicke. Ich überspiele auf ideale Weise den unpassenden Zuschauereinwurf und gebe subtil den Hinweis, dass diese Störung wenig geistreich war. Und ich vermittle meinem Publikum ebenso, dass das Verhalten des Störers nicht akzeptabel war. Soll er sich noch ein bisschen unwohler fühlen als er es nun ohnehin schon tut, so können Sie beim Betätigen des Handzählers müde seufzen. Nun wird noch deutlicher, wie unpassend und wenig kreativ die Handlung des Störers war. Ich trete inzwischen nicht mehr ohne den Zähler auf, denn er ermöglicht die für mich beste Reaktion auf jedwede Form einer Störung.

Je weniger wir eine Störung beachten, umso eindrucksvoller wirkt unsere Reaktion. Das gilt allerdings nicht immer und ist abhängig von den jeweiligen Umständen. Manchmal habe ich auch Situationen stärker ausgespielt als die betreffende Person von mir wohl erwartet hätte.

Einmal fragte mich jemand während meiner Arbeit in einem Restaurant, ob ich nicht seine Frau verschwinden lassen könnte. Ich sah sie an, nahm Sie an die Hand und führte sie vom Tisch weg außer Sicht bis in den Barbereich. Ich bat Sie, einige Augenblicke mit mir zusammen zu warten und öffnete meine obersten Hemdknöpfe. Sie spielte mit und öffnete ebenfalls einige ihrer Blusenknöpfe. Wir kehrten an den Tisch zurück, sie setzte sich und ich fuhr mit meinem Programm fort. Natürlich hätte ihr Mann niemals angenommen, dass ich zusammen mit seiner Frau verschwände …

Ich reagiere auf Störungen also abhängig von den anwesenden Menschen und situationsadäquat. Verstehen die Zuschauer Spaß, so reagiere ich in meinen Handlungen und Formulierungen mit mehr Augenzwinkern. Ist die Stimmung dagegen gedämpft, so verhalte ich mich entsprechend subtiler. In allen Situationen aber vermeide ich jedes Wortgefecht und versuche, unliebsamem Aufbegehren auf liebenswürdige und unterhaltsame Art und Weise zu begegnen. Denn meine Zuschauer zu unterhalten, das ist letztlich meine Aufgabe.

15.11 Ein Bild und seine Reaktionen

Horst Wackerbarth, Fotokünstler (Die Rote Couch)

08. Juli 2016, ein sonniger Tag an der Porta Westfalica. Das Kaiser-Wilhelm-Denkmal thront hoch über dem Weserbergland, ein Symbol des deutschen Nationalstaats. An diesem Tag wird es zur Kulisse für ein Kunstprojekt, das gesellschaftliche Grenzen sichtbar macht.

Anlässlich des 70-jährigen Gründungsjubiläums des Landes Nordrhein-Westfalen wurde ich damit beauftragt, ein fotografisches „Porträt" des Bundeslandes mit der Roten Couch anzufertigen.

An diesem Tag organisiere ich eine fotografische Intervention. Ich lade eine deutsche Muslima ein, eine studierte Sozialpädagogin aus Bochum, die sich teilweise verschleiert. Sie trägt einen Niqab, der das Gesicht bis zur Nase bedeckt. Gemeinsam mit meinem Team fahre ich zur Porta Westfalica, platziere die Rote Couch direkt unter der gewaltigen Statue von Kaiser Wilhelm I. und bitte sie, darauf Platz zu nehmen. Die Kamera ist bereit. Doch es ist nicht nur das Foto, das hier entsteht. Es ist eine Performance, ein Experiment mit dem öffentlichen Raum und den Reaktionen der Menschen, die ihn beleben.

Und die Reaktionen lassen nicht lange auf sich warten. Die anwesenden Touristen sind gespalten. Einige sind begeistert, sprechen von einem starken Bild, das den alten Nationalstaat infrage stellt, ihn mit den Realitäten einer veränderten Gesellschaft konfrontiert. Andere jedoch sind empört. Sie zischen, sie diskutieren, sie fragen, was eine muslimische Frau unter dem Abbild des Kaisers zu suchen habe. Dabei ist die Antwort offensichtlich: Sie ist Teil dieses Landes, sie lebt, arbeitet und studiert hier. Doch für manche bleibt ihre Präsenz eine Provokation. Eine „Störung".

Mich überrascht diese Reaktion nicht. Solche Bilder sind Performances, und ich rechne mit Widerständen. Aber genau darin liegt ihr Wert. Kunst muss provozieren, muss irritieren, um Fragen aufzuwerfen. Das Foto ist schnell gemacht, doch das, was es freilegt, bleibt: Es zeigt nicht nur eine Frau unter einem Denkmal. Es zeigt die Bruchlinien einer Gesellschaft, die sich zwischen Vergangenheit und Zukunft bewegt.

Man kann solche Reaktionen erwarten. Entscheidend ist, dass man sich davon nicht einschüchtern lässt. Haltung ist das, worauf es ankommt. In der Kunst ebenso wie im gesellschaftlichen Leben.

15.12 Erfahrungen eines Straßenkünstlers

Whit Haydn, amerikanischer Zauberkünstler (übersetzt von Thomas Heine)

Die Beziehung eines jeden Unterhaltungskünstlers zu seinem Publikum ähnelt der Interaktion zwischen zwei Darstellern auf der Bühne. Die Schauspieler spielen ihre Rollen Hand in Hand, ziehen gemeinsam an einem Strang. Manchmal zieht einer der beiden an diesem Strang stärker und der andere wird mitgezogen, ein anderes Mal ist der Zweite der kräftigere Part und führt seinen Partner am Seil über die Bühne. Bei diesem gemeinsamen Spiel erschlafft das Seil niemals – es steht immer unter Zug.

Dieses Bild hilft zu verstehen, wie Performer ihr Publikum führen und lenken. Normalerweise wendet sich ein Schauspieler nicht direkt an seine Zuschauer. In Stücken von Shakespeare durchbrechen die Darsteller oft dieses Muster und sprechen ihr Publikum in Form von Selbstgesprächen und Monologen direkt an. Meiner Meinung nach ist dies dem Umstand geschuldet, dass das Theater der damaligen Zeit sich noch nicht weit von den Darbietungen der fahrenden Gaukler entfernt hatte, welche auf den Plätzen um die Gunst der Zuschauer buhlten. Ein derartiger Aufbau von Theaterstücken ist heutzutage jedoch sehr selten.

Im Varieté sitzt jedoch der Zuschauer am anderen Ende unseres Seils. Einige Performer treten dabei manchmal auf wie ein Dompteur, der sein Publikum stets auf Abstand hält. Sie möchten nicht, dass Zuschauer etwas zur Show beitragen, sondern nur dasitzen und zuschauen. Sie erdrücken die Zuschauer förmlich mit mehr oder weniger geistreichen Sprüchen – aus Angst, die Kontrolle über ihre Darbietung zu verlieren.

Dabei unterhält doch gerade der Künstler sein Publikum, der von Beginn an seine Vorführung führt und dabei zusammen mit seinen Zuschauern interagiert und auf sie eingeht. Er führt die Zuschauer durch seine Show, indem er sein Seil ins Publikum auf Spannung hält – nicht, indem er sein Publikum hinter sich her schleift.

Stellen sie sich einmal zwei Hunde vor, die mit einem Seil spielen: Keiner der beiden versucht, mit allen Mitteln zu gewinnen – vielmehr genießen sie das Spiel, mal der Ziehende, mal der Gezogene zu sein. Der Stärkere vermeidet, dass sein schwächerer Kamerad das Interesse am Spiel verliert und aufhört. Beide genießen das gemeinsame Hin und Her und suchen gar nicht erst den Sieg über den anderen. Das ist Spiel – niemand ist des anderen Klotz am Bein.

Auf dieselbe Weise sollte der Vorführende beständig mit seinen Zuschauern interagieren, ohne die Seilspannung erschlaffen oder sich die Seilenden aus der Hand reißen zu lassen. Nicht jeder Zuschauer, der sich am Geschehen aktiv einbringen möchte, ist ein Störenfried. Die meisten Zuschauer versuchen, mit dem Darsteller zu spielen und signalisieren mit Ihren Beiträgen den Spaß am gemeinsamen Spiel. Ein guter Darsteller versteht es, diese Zuschauer am Spiel teilhaben zu lassen. Oft können die Ideen der Zuschauer sogar gewinnbringend für die nächsten Vorführungen übernommen werden. Viele meiner Gags und Sprüche stammen von Zuschauern oder sind durch spontane Einwürfe in meine Darbietungen entstanden. Es ist übrigens kein Hexenwerk, auf Einwürfe von Zuschauern zu reagieren und dennoch das Ende unseres Seils straff in der Hand zu halten.

Oft reicht es schon, erkennbar und ehrlich auf die Zuschauer einzugehen: Lachen Sie, wenn ihr Publikum etwas Komisches sagt; reagieren Sie entrüstet oder erkennbar gespielt verärgert. Sie können auch mit Sprüchen reagieren wie:

„Wenn Sie meinen, dass mein Geschwätz von da unten komisch klingt, dann sollten Sie sich das mal von hier von der Bühne aus anhören!"

Halten Sie Ihre Reaktionen freundlich und souverän. Bleiben Sie Ihrer Rolle treu oder fallen Sie kurz aus dieser heraus – und kehren Sie zu dieser zurück, wenn Sie meinen, den Einwurf ausreichend gewürdigt zu haben. Vergessen Sie nicht: Sie sind immer der stärkere Hund und besitzen immer den Respekt der anderen Zuschauer.

Ein echter Störenfried ist nun jemand, der das Spiel beenden, sich das Seil schnappen und mit einem Siegerlächeln vom Platz gehen möchte. Diese Zuschauer, die stören, um einen vermeintlichen Wettbewerb zu gewinnen, können problematisch werden. Meine Lektion über Menschen dieser Art habe ich während einer Vorführung in Tombstone Junction, Kentucky, gelernt. Ich trat in einem Themenpark im Western-Stil auf und zeigte meine Show im Saloon. Meine Freunde Mac King und Lance Burton haben ihre magischen Laufbahnen einige Jahre später auch an dieser Stelle begonnen.

Eine alte, weißhaarige Dame saß ganz vorne – und störte. Ich reagierte mit einer Reihe an Sprüchen. Sie aber drehte den Spieß einfach um … und gewann letztlich unser Sprücheduell! Einige Minuten wiederholte sich diese Situation und wieder versuchte ich, sie mit meinem Arsenal von Sprüchen in Grund und Boden zu schwatzen.

Und wieder konnte sie Sprüchen parieren, die waren (ganz ehrlich) einfach viel witziger als meine. Das setzte sich die gesamte Show über fort – und das Publikum liebte die alte Lady. Ich spürte, wie sich das restliche Publikum aufseiten der alten Frau schlug und wie mir die Kontrolle über meine Vorführung mehr und mehr entglitt wie Sand zwischen den Händen. Ich beendete letztlich die Show … geschlagen und ausgeraubt. Ausgeraubt von einem alten Klappergestell! Ich stand kurz davor, das Show Business an den Nagel zu hängen – niedergeschlagen wie selten zuvor. Niedergeschossen von einer Großmutter … in einem Kaff in Kentucky.

Nach der Show saß ich in meiner Garderobe und leckte meine Wunden, als es an der Tür klopfte – es war meine Widersacherin. Sie sagte:

„Mein Sohn, es tut mir ehrlich leid, wenn ich die Sache eben zu weit getrieben habe, aber ich hatte soviel Spaß dabei!

Sie sind wirklich lustig und charmant – und Sie erinnern mich so sehr an meinen verstorbenen Mann!

Wir beide haben über Jahrzehnte in einer Vaudeville-Show unseren Comedy-Act gespielt – und mit Ihnen konnte ich spielen, wie damals mit meinem Mann! Ich liebe Ihre Show!"

Ich hätte sie küssen können! Und ich hatte etwas sehr Wichtiges gelernt: Schöpft man gegenüber einem Störenfried aus dem Vollen, dann kann das in einem wahren Sprüchewettkampf mit offenem Ende gipfeln – schließlich könnte ja ein Robin Williams der Gegenpart werden.

Manchmal ist es also sinnvoll, auf freundliche Art und Weise zu reagieren, auf eine Art und Weise, die dem Störer keine Basis für eine Reaktion bietet. Lachen Sie, werden Sie ‚kalt', grinsen Sie – reagieren Sie, ziehen Sie das Seil wieder stramm und fahren Sie mit Ihrer Darbietung fort.

Sitzt tatsächlich einmal einer unserer verhassten Wettbewerbsstörer vor Ihnen, dann warten Sie solange wie eben möglich, bevor Sie reagieren. Das gibt den anderen Zuschauern Zeit, sich gegen den Störenfried zu stellen und sich auf Ihre Seite zu schlagen. Zudem können Sie sich besser auf den Störer einstellen: Ist er spontan? Betrunken? Haben Sie sich die Situation vergegenwärtigt und auf diese eingestellt, ist auch das Publikum auf Ihrer Seite – und Sie können den Mistkerl so richtig einseifen.

15.13 Status, Störungen und der Wert des Lebens

Marcus Prünte, Chief Happiness Officer, Multi-Unternehmer im Franchise-Bereich, zudem Hypnotiseur und Gedankenleser

Es gibt Menschen, die kein Gespräch beginnen können, ohne vorher einen Status-Abgleich zu machen: „Was ist dein Beruf?", „Wie viel verdienst du?", „Welche Autos fährst du?" Ich treffe diese Menschen überall. Auf Reisen, in Restaurants, auf Veranstaltungen. Und ich merke, wie nervös sie werden, wenn sie nicht wissen, wer ich bin und was ich mache.

Als wären diese Themen die einzige Möglichkeit, sich ein Bild von jemandem zu verschaffen. Mich nervt das. Ich habe irgendwann gemerkt, dass mir diese Gespräche nichts bringen. Sie sind energiezehrend, oberflächlich und lenken vom Wesentlichen ab.

Deshalb habe ich mir eine Strategie zurechtgelegt. Wenn jemand wissen will: „Was machst du zum Leben?", sage ich: „Atmen." Wenn das nicht reicht, frage ich sehr offensiv: „Warum willst du das wissen? Du willst mich doch nur in eine Schublade stecken, um mir einen Wert beizumessen!" Dann beobachte ich die Reaktion. Wer auf dieses Spiel nicht eingehen kann, mit dem habe ich ohnehin wenig zu besprechen.

Meine Währung sind Erlebnisse. Reisen, besondere Momente, echte Begegnungen. Ich will nicht wissen, was jemand verdient oder wie groß sein Fuhrpark ist. Mich interessiert, wo jemand gewesen ist, was ihn begeistert hat, welche Geschichten er erlebt hat. Und ich habe festgestellt: Je älter ich werde, desto weniger habe ich Geduld für Menschen, die mir Energie rauben. Menschen, die sich über Status definieren, die immer nur das große Ganze kontrollieren wollen, anstatt einfach mal im Moment zu sein.

Jeder kennt diese Energie-Vampire. Sie stören. Nicht durch Lautstärke oder Unverschämtheit, sondern durch das, was sie uns nehmen: Zeit, Kraft, Lebensfreude.

Mein Rat? Sag ihnen direkt, dass sie stören. Das ist nicht immer angenehm, aber es ist befreiend. Mit jedem Mal wächst die Souveränität. Und vor allem die eigene Freiheit!

Seit mir das klar geworden ist, hat sich mein Leben spürbar verändert. Ich verbringe meine Zeit fast ausschließlich mit Menschen, die mich inspirieren, statt mit denen, die mich auslaugen.

Natürlich geht das nicht über Nacht. Es ist ein Prozess. Bei mir dauert er mittlerweile seit 15 Jahren an. Mit 40 habe ich bewusst angefangen zu entscheiden, welche Menschen ich in meinem Leben haben will. Und welche nicht. Je konsequenter ich war, desto besser wurde meine Lebensqualität. Und das ist doch letztlich das, worum es im Leben geht.

Störungen sind nicht nur Hindernisse. Sie sind ein Indikator dafür, wo wir Klarheit schaffen müssen. Wer unsere Energie zieht, wer uns in Gespräche zwingt, die wir nicht führen wollen, dem dürfen wir Grenzen setzen. Und das ist letztlich der Schlüssel: Nicht andere definieren unseren Wert, sondern wir selbst.

15.14 Störungen – so schlimm sind sie nicht!

Christoph Borer, schweizer Zauberkünstler, Erfinder von Kunststücken und Autor

Immer wieder höre ich von Kollegen, dass man sofort scharf zurückschießen muss, wenn ein Zuschauer etwas Ungewolltes von sich gibt. Und ich habe mehrere Kollegen gesehen, die unbedingt immer das letzte Wort haben wollten. Und die sich damit im Grunde disqualifiziert haben.

Ich finde, wir müssen aus verschiedenen Gründen etwas vorsichtiger mit „störendem" Publikum umgehen: Erstens sind wir ja fast immer Künstler, die eine Kommunikation mit dem Publikum wollen. Ein Hin und Her. Das ist eine Kommunikation. Also darf der Zuschauer auch etwas sagen. Und das ist vielleicht etwas, das man lieber nicht möchte. So ist das bei einer Kommunikation. Also bitte nicht den Zuschauer mit einem blöden oder scharfen Gag zusammenmotzen. Erst einmal zuhören und dann angemessen reagieren.

Zweitens erleben wir Einwürfe der Zuschauer fast nur im Gala-Bereich. Im Theater und Kleintheater kenne ich das fast gar nicht. Und denken wir daran: Gala heißt, wir erhalten viel Geld. Eine Person hat uns engagiert. Alle anderen Zuschauer haben nicht nach uns verlangt. Vielleicht mögen einige davon Zauberei überhaupt nicht. Wahrscheinlich sind wir einigen davon unsympathisch. Und wir werden diesen Menschen einfach vor die Nase gesetzt. Wir dringen in ihr Fest ein. Natürlich kann da der eine oder andere etwas empfindlich reagieren. Aber dafür erhalten wir viel Geld.

Nehmen wir doch dieses einfach als eine Art Schmerzensgeld an, uns selbst in diesem Bereich nicht so wichtig und tanzen nicht gleich diesen Menschen auf der Nase herum.

Drittens macht ab und zu ein Zuschauer einen Spitzen-Gag. Lasst ihm doch diesen Gag. Es entsteht ein sehr schöner Lacher. Sie lassen den Zuschauer seinen Erfolg genießen, machen im Programm weiter. Wenn Sie gut sind, werden die Zuschauer am Schluss zufrieden sein und indirekt kommt der gute Lacher, den der Zuschauer ausgelöst hat, auch auf Ihr Konto. Und häufig können Sie den Gag später selbst einbauen. Lassen Sie also dem Zuschauer den Erfolg, er wird ja später zu Ihrem. Es gibt nichts Schlimmeres, als wenn der Zauberer auf jeden guten Gag einen draufsetzen will. Das ist keine gute Art und wird von den Zuschauern nicht wirklich geschätzt. Ab und zu ja, klar, aber eben nicht grundsätzlich und immer.

Viertens gibt es viele Situationen, in denen es ein Zuschauer nicht böse meint, in denen er gar kein bewusster Störenfried ist. Ich habe in meinen eigenen Vorstellungen einiges erlebt und auch einiges bei anderen Künstlern gesehen. Im Stadttheater Biel während der zweiten Vorführung meines Solo-Abends „Zauberwahn" bat ich im zweiten Teil einen Zuschauer auf die Bühne. Kaum stand er neben mir, merkte ich, dass er richtig heftig angetrunken war. Er wankte und fasste meine Requisiten an, wie ich es nicht mochte. Ich war etwas heftig gegen ihn. Später erfuhr ich, dass er nichts gegessen hatte, weil er knapp von der Arbeit kam und unbedingt rechtzeitig zu meiner Vorstellung wollte. In der Pause wurde er von Arbeitskollegen, die auch da waren, praktisch genötigt, ein Bier zu trinken.

Das fuhr aufgrund der Hitze richtig ein und er wankte also halbbetrunken zum Sitz. Er fand die Show gut, er wollte nicht stören. Es ist passiert. Ein sensiblerer Umgang meinerseits mit ihm wäre richtiger gewesen.

Oder einmal quatschte ein jüngerer Mann ständig in meinen Text hinein. Mit ziemlich heftigen Worten. Ich konnte ihn nicht abstellen und musste ihn etwa in der Hälfte der Vorstellung hinausweisen. Später erfuhr ich, dass er eine Krankheit hat, die ihn zwingt, immer wieder laut zu reden (nicht das Tourette Syndrom, aber eine verwandte Krankheit). Er war aber Zauberfan und als seine Eltern an der Theaterkasse gefragt haben, ob es gehe, dass er die Vorstellung ansehe, meinten sie: „Ja klar, kein Problem!". Mir aber wurde davon nichts gesagt. Ich müsste also die Person an der Kasse angreifen, nicht den jungen Mann. Und diese Liste ließe sich fast beliebig fortsetzen.

Ich glaube tatsächlich, dass es eine kleine Minderheit von Personen gibt, die wir als Heckler bezeichnen und die wirklich böse sind oder die Schuld für ihr Verhalten tragen. Besser wäre es aber, erst einmal nach Auslösern beim Künstler und der Situation zu suchen. Wenn es viele „Heckler-Attacken" gibt, könnte es sehr gut sein, dass der Künstler durch seine herausfordernde Art zu performen diese provoziert: Im Sinne von „Ich bin besser als ihr" oder „Ich kann Dinge, die ihr nicht (erklären) könnt", statt eine schöne, spannende, gemeinsam erlebte künstlerische Darbietung zu zeigen.

15.15 Warum wir „Störer" brauchen

Florian Severin, Autor, Dozent für das Fach „Drehbuch" an der München Film Akademie und Zauberkünstler

Es gibt keine Störer.

So, damit ist alles gesagt. Wenn Sie ebenfalls dieser Meinung sind, können Sie sich die nächsten Seiten sparen. Blättern Sie einfach zum nächsten Kapitel weiter. Andernfalls muss ich nun etwas ausholen ... Begleiten Sie mich dafür zu einem meiner Auftritte:

Seit einer Woche zaubere ich abends für Mitarbeiter einer Firma. Jeden Tag wechselt das Publikum und eigentlich ist es ein ganz entspannter Job. Die Angestellten erhalten tagsüber eine Schulung, wie sie ihren eigenen und den Reichtum des Arbeitgebers mehren können. Abends werden sie dann in ein schönes Restaurant eingeladen, um dort fürstlich zu speisen und sich bei gepflegter Magie entspannen zu können. Die gepflegte Magie, das bin ich, und bisher waren die Zuschauer das beste Publikum, das ich mir wünschen konnte. Alle sind guter Laune, der anstrengende Teil des Tages ist vorüber, die Bäuche gefüllt und das Unterhaltungsprogramm steht kurz bevor.

Doch diesmal kommt der Trainer, der die Teilnehmer in der Kunst des Verkaufens unterweisen sollte, im Vorfeld auf mich zu und prophezeit mir, dass dies ein anstrengender Auftritt werde. Die Gruppe sei schlichtweg „furchtbar". Sie würden jedes noch so kleine Detail hinterfragen und ständig alles besser wissen. Er jedenfalls sei froh, dass er diesen Spießrutenlauf hinter sich habe. Das hört sich ja gut an, ...!

Also mache ich mich auf. Und tatsächlich! Kaum habe ich angefangen, kommen schon die ersten Zwischenrufe: „Die Münze ist doch im Ärmel!" – „Das ist längst nicht mehr die Karte!" – „Der Waschbär ist ja gar nicht echt!" Die Zuschauer haben stets eine Vermutung, wie die Tricks funktionieren und am liebsten würden sie alle Requisiten persönlich mit einem Röntgengerät untersuchen. Bei meinem Schlusskunststück wird eine gezogene Spielkarte in der Kartenschachtel erscheinen, die die ganze Zeit über auf dem Tisch liegt. Ich habe eine Zuschauerin nach vorne gebeten, die während des Tricks ihre Hand auf die Kartenspielschachtel legen soll, um diese zu „bewachen". Normalerweise geschieht das auch genauso. Doch heute Abend ist alles anders. Nach kurzer Zeit will die Zuschauerin die Schachtel noch einmal untersuchen. Aus tricktechnischen Gründen geht das leider nicht. Deshalb weise ich sie freundlich darauf hin, dass sie ihre Neugier bändigen möge, und mache weiter. Zumindest versuche ich es. Denn die Versuchung ist zu groß für sie. Kaum denkt sie, dass ich nicht mehr auf sie achte, probiert sie schnell doch noch einen Blick in die Schachtel zu werfen. Ich kann sie jedes Mal nur knapp davon abhalten, die Box zu öffnen.

Die restliche Vorführung erfordert meine volle Konzentration. Mit nur einem Auge gucke ich das Publikum an und mache mit dem Trick weiter. Mit dem anderen Auge schiele ich panisch zu meiner Zuschauerin. Regelmäßig muss ich ihr auf die Finger klopfen, damit sie die Box liegen lässt. So entbrennt ein kleiner Wettkampf zwischen uns. Letztlich kann ich alle ihrer Versuche rechtzeitig abwehren und sicherstellen, dass die Kartenschachtel bis zum Ende nicht noch mal bewegt wird. Als sie dann endlich die Schachtel öffnen darf, ist sie völlig sprachlos, wie diese Karte dort hineingekommen ist. Schließlich hatte sie doch die ganze Zeit über die Schachtel bewacht.

Und wie kam die Vorführung an? Die Veranstalter und Servicekräfte, die meinen Auftritt die ganze Woche über jeden Abend gesehen hatten, jedenfalls fanden, dass es diesmal die komischste Show der gesamten Woche gewesen wäre. Hm, ... hatte der Trainer mit seiner Prophezeiung etwa doch nicht recht?

Rückblickend kann ich sagen, dass ich bei diesem Auftritt zwar mehr aufpassen musste als bei einem komatösen Publikum, aber dass auch wesentlich mehr Stimmung aufkam. Durch die Schachtelbewacherin wurde die Nummer viel unterhaltsamer. Es wurde mehr gelacht und der Kartentrick gewann ebenfalls an Spannung. Die Zuschauer haben auch gemerkt, dass dieses Spiel um die Kartenschachtel nicht geplant war. Zumindest unterbewusst haben sie gespürt, dass sie eine Vorführung sahen, die normalerweise so nicht stattfindet. Natürlich hätte es passieren können, dass es die Zuschauerin schafft, die Schachtel zu öffnen. In diesem Fall hätte ich das Kunststück irgendwie anders zu Ende bringen müssen. Ich bin dieses Risiko dennoch eingegangen, weil das Publikum mit unserem kleinen „Kampf" viel mehr Spaß hatte, als wenn ich die Zuschauerin von der Bühne verwiesen hätte. Und letztlich wirkte der Effekt sogar stärker, weil die Zuschauerin die Box wirklich niemals aus den Augen gelassen hatte.

Durch das „misstrauische" Publikum ist der Effekt also beeindruckender geworden und die Vorführung unterhaltsamer. (Das wurde im Anschluss des Abends übrigens auch noch durch Aussagen von der Schachtelbewacherin als auch von den restlichen Zuschauern bestätigt.) Deshalb empfand ich das Publikum an diesem Abend weder als anstrengend noch als furchtbar, sondern als Glücksgriff.

Die Zauberkunst braucht die Interaktion mit dem Publikum. Lesen Sie mal Gedanken, wenn keiner mitmacht! Wie wollen Sie eine Karte in der Brieftasche erscheinen lassen, wenn sich das Publikum geschlossen weigert, diese zu ziehen? Durch Interaktion wird eine Zaubershow lebendig. Und sie wird einmalig, denn die Zuschauer denken, dass das, was sie gerade gesagt haben, noch niemals jemand vor ihnen gesagt hat. Ihr Einwurf hat die Show in eine neue Richtung gedrängt. Durch dieses Miteinander wird die Show für die Zuschauer einmalig.

Und das ist genau das, was ich will. Ich will, dass die Zuschauer glauben, dass sie bei etwas Einmaligem dabei waren. Durch diese Exklusivität fühlen sie sich gut und sie werden die Show auch viel eher im Gedächtnis behalten und mehr wertschätzen. Es ist wie ein ganz besonderes Geschenk, das nur sie erhalten haben, im Gegensatz zu irgendetwas, das massenhaft an alle und jeden herausgegeben wird. Je besser die Zuschauer die Show finden, desto lobender werden sie sich übrigens auch im Anschluss über sie äußern. Je glücklicher das Publikum, desto mehr (ehrliche und kostenlose) Werbung also im Anschluss.

Abgesehen vom Marketingaspekt bedeutet es aber auch für mich persönlich mehr Spaß. Auch ich freue mich, wenn ich das Gefühl habe, dass diese Show wirklich anders, wirklich bedeutend war. Klar zeige ich immer die gleichen Tricks, aber durch das Publikum wird jeder Auftritt jedes Mal anders – und dadurch bleibt es auch für mich spannend. Aus diesen Gründen versuche ich, auf die Wünsche und Einwürfe aus dem Publikum einzugehen. Auch wenn das manchmal unglaublich anstrengend sein kann, zahlt es sich letztlich aus.

Durch die Zuschauerin, die die Kartenschachtel ständig angucken wollte, wurde die Vorführung viel besser. Es entwickelte sich eine spannende Dynamik mit viel Humor. Das Publikum hat die Extraherausforderung, der ich mich stellte, zu schätzen gewusst. Sie wussten auch, dass dies eine einmalige Sache war. Denn nur diese eine Zuschauerin aus ihren Reihen war so neugierig. Bei der nächsten Vorstellung würde die Frau, die dann vorne säße, nicht so reagieren.

Darum freue ich mich gerade über „nervige" Zuschauer. Sie helfen mir, meine Show besonders zu machen. Ohne sie würde ich die immer gleiche Show abspulen. Mit ihnen wird meine Vorstellung anders, jedes Mal neu und damit auch besser. Ich möchte unterhalten. Und durch „anstrengende" Zuschauer kann das ein Kinderspiel werden. Störungen sind nämlich unterhaltsam. Es sind „Hindernisse", die ich überwinden muss. Wie der Held im Kinofilm. Und erst durch diese ‚Hindernisse' wird ein Film spannend.

Darum bin ich auch nicht angenervt, wenn ein Einwurf aus dem Publikum kommt. Ich freue mich tatsächlich darüber. Ich stürze mich drauf und gehe darauf ein. Alles, was ich einbeziehen kann, wird auch einbezogen. Natürlich springe ich nicht wie ein Zirkuspferdchen auf Kommando und mache direkt alles, was man mir sagt. Ich reagiere lediglich auf die Einwürfe, die ich will, die mich interessieren und die ich für verwertbar halte. Diese Freude an Störungen hat ebenfalls zur Folge, dass ich die Zuschauer nicht runter und mundtot mache. Ich will nicht, dass sie schweigen. Sie sollen interagieren, denn ich bin ihnen tatsächlich für ihre Kommentare (und seien sie auch noch so kritisch!) dankbar. Ehrlich gesagt, ich liebe „Heckler". Und auch wenn ich nicht alle Einwürfe verwende, so schmettere ich doch keinen nieder. Das merken die Zuschauer. Sie bekommen keinen blöden Spruch gedrückt, sondern werden ernst genommen.

Regen Sie sich also nicht über Störer auf! Freuen Sie sich über sie, denn sie bieten Ihnen die Gelegenheit, Ihre Show besser zu machen. Wie anfangs gesagt: Eigentlich gibt es keine Störung und keine Störer! Alles sind nur unsere geheimen Helfer auf dem Weg zu einer einmaligen Show! Damit Sie die Störungen allerdings positiv für sich nutzen können, müssen Sie natürlich Ihre Technik beherrschen. Ihr Trick darf auch bei genauester Betrachtung nicht durchschaut werden. Und Sie sollten in der Lage sein, verwendete Techniken bei Bedarf zu wechseln. Eventuell müssen sie sogar komplett improvisieren und ihre Kunststücke, deren Reihenfolge oder Abschluss verändern. Insgesamt müssen Sie sowohl spontan als auch sehr (selbst-) sicher sein. Und abschließend muss Ihr Ego gleichzeitig groß und klein genug sein, um damit umgehen zu können, wenn mal was daneben geht oder doch durchschaut wird.

Es ist nicht schwierig, diese Eigenschaften und Fertigkeiten zu erlangen. Sie brauchen nur drei Dinge: Genug Fleiß, um Ihr Programm und die geheimen Tricktechniken wirklich zu üben. Genug Humor, um sich selbst nicht zu wichtig zu nehmen. Und Sie müssen die Zauberkunst genug lieben, um sich auf und über jede Vorstellung zu freuen. Mit diesen drei Dingen wird es keine Störungen mehr geben. Sie werden alle ‚Störungen' in positive Elemente ihrer Show verwandeln.

Ändern Sie Ihre Einstellung: Sehen Sie Ihre vorlauten Zuschauer nicht mehr als Störer, freuen Sie sich auf deren Einwürfe und nutzen sie diese, um gemeinsam mit ihren Zuschauern die Show einmalig werden zu lassen!

Zum Schluss

Natürlich konnte dieses Buch keinesfalls alles in gebührender Sorgfalt abarbeiten, was zum Thema Störungen und Störer zu sagen gewesen wäre. So wird dem einen oder anderen Leser vielleicht aufgefallen sein, dass wir uns zum Beispiel den speziellen Problemen von Auftritten vor der Zielgruppe „Kinder" nicht gewidmet haben. Doch vieles von dem, was wir in diesem Buch vorgestellt haben, wäre auch bei diesem schwierigen Publikum hilfreich. Dennoch gelten vor Kindergruppen altersabhängig eben noch einmal andere Regeln, Zusammenhänge und „Gesetzmäßigkeiten", die einer gesonderten Beschäftigung bedürften.

Du wirst sicher auch bemerkt haben, dass sich in den Beiträgen unserer Gastautoren und Gastautorinnen zwar verschiedene grundlegende Ideen und Gedanken wiederholten (was für sie spricht), in eine ähnliche Richtung gingen wie unsere eigenen Ausführungen im ersten Teil des Buches (was für uns spricht) – aber auch, dass mitunter Arten des Umgangs mit Problemen oder Störern geschildert wurden, die offensichtlich nicht unseren eigenen Prämissen entsprachen.

Aber wie wir zu Beginn des Teils II schrieben: Diese Ansätze funktionieren für diese jeweiligen Performer. Das genügt – für sie!

Bereits eingangs dieses Buches haben wir einen Rat gegeben, dessen gründliches Umsetzen die später beschriebenen Maßnahmen zu weiten Teilen überflüssig machen würde. Dieser Rat mag banal geklungen haben – und dennoch ist er einer der besten vor dem Hintergrund der hier diskutierten Themenstellung: Sorge dafür, dass Probleme gar nicht erst auftreten!

Die gute Nachricht ist: Es ist möglich, die Auftretenswahrscheinlichkeit von Störungen, ungewollten Unterbrechungen oder Problemen im Allgemeinen deutlich zu reduzieren! Durch Antizipation und gründliche Vorbereitung können wir fast alle Auslöser vermeiden, die letztlich im Vorführenden selbst begründet sind.

Und diese Auslöser sind bei weitem häufiger der ausschlaggebende Punkt für Probleme aller Art, als wir uns üblicherweise selbst eingestehen wollen. Im Verlaufe jeder Interaktion mit anderen Menschen ist man fast nie nur das reine „Opfer" einer Störung.

In aller Regel ist man direkt oder indirekt bewusst oder unbewusst auch Mitinitiator. Entweder, indem man die Probleme tatsächlich selbst heraufbeschwört – oder indem man äußere Auslöser, die man beeinflussen könnte, nicht wahrnimmt oder ignoriert.

So fällt – im Guten wie im Schlechten – das eigene Handeln stets auf uns selbst zurück. Du weißt ja: Wie man in den Wald hineinruft ... Sei also freundlich, zugewandt, offen, zuvorkommend, höflich, selbstbewusst und natürlich auch in angemessenem Maße humorvoll – und es ist sehr wahrscheinlich, dass Dein Publikum mit Dir in genau der gleichen Art und Weise umgehen wird. Im umgekehrten Fall gilt diese Regel allerdings auch – und dann hast Du ein Problem!

Dennoch: Selbst bei der gründlichsten Vorbereitung und der kritischsten Selbstbetrachtung werden wir niemals verhindern können, dass irgendwann Probleme auftreten – Störungen wird es immer geben. C'est la vie.

Lebe damit – oder lass' es einfach. Wer mit der Vorstellung, dass er über kurz oder lang mit Störern konfrontiert sein wird, nicht leben kann, der darf nicht vor Publikum auftreten ... und sollte besser jedwede Kommunikation und Interaktion mit anderen Menschen von vornherein vermeiden.

Natürlich gibt es bewährte Verhaltensmaßregeln, um mit solchen Situationen konstruktiv umzugehen. Diverse davon haben wir in diesem Buch vorgestellt. Und auch in den wunderbaren Anekdoten unserer Co-Autoren und Autorinnen finden sich viele Perlen, aus denen man lernen kann.

Doch während es auf der einen Seite sehr gut möglich ist, konkrete Ratschläge zur Vorbereitung einer Performance zu geben, mit denen Probleme präventiv vermieden werden können, ist es auf der anderen Seite recht schwierig, wirklich konkret zu werden, wenn es um passende Reaktionen für den Fall geht, dass eine Störung aktuell nun mal aufgetreten ist.

Dies ist schlicht der unausweichlichen Tatsache geschuldet, dass ebenso viele verschiedene Arten von Störern und Störungen auftreten werden, wie es Menschen gibt, die mit ihrem persönlichen „Päckchen", das sie tragen, in unsere Vorstellungen kommen.

Was wir also zusammenfassend sagen können, ist Folgendes: Versuche so weit es Dir möglich ist, Dich vorzubereiten, um sicherzustellen, dass Störungen gar nicht erst auftreten; rechne aber dennoch früher oder später mit dem Unvermeidbaren. Lebe in der Gewissheit, dass uns das Leben immer wieder mit dem Unerwarteten herausfordern wird.

Liegt nicht auch darin ein besonderer Charme? In der Erkenntnis einer letztendlichen Unvorhersehbarkeit und Unvermeidbarkeit? Zugegeben, aus der Feder von drei „Gedankenlesern" mag das merkwürdig klingen – ein Paradoxon geradezu. Aber so ist eben das Leben, … und das ist gut so!

Wir hoffen, dass Euch unsere Ausführungen im Rahmen dieses Buches zumindest einiges zum Nachdenken mitgegeben haben.

Viel Erfolg bei all Euren zukünftigen Projekten.

Thomas, Rainer und Micha

GPSR Compliance

The European Union's (EU) General Product Safety Regulation (GPSR) is a set of rules that requires consumer products to be safe and our obligations to ensure this.

If you have any concerns about our products, you can contact us on

ProductSafety@springernature.com

In case Publisher is established outside the EU, the EU authorized representative is:

Springer Nature Customer Service Center GmbH
Europaplatz 3
69115 Heidelberg, Germany

www.ingramcontent.com/pod-product-compliance
Lightning Source LLC
LaVergne TN
LVHW020138080526
838202LV00048B/3968